中国慈善联合会
CHINA CHARITY ALLIANCE

ZHONGGUO CISHAN XINTUO
FAZHAN BAOGAO 2022

中国慈善信托
发展报告
2022

中国慈善联合会慈善信托委员会 编

中国社会出版社
国家一级出版社·全国百佳图书出版单位

图书在版编目 (CIP) 数据

中国慈善信托发展报告 . 2022 / 中国慈善联合会慈
善信托委员会编 . –– 北京：中国社会出版社，2023.9
ISBN 978–7–5087–6936–3

Ⅰ . ①中 ... Ⅱ . ①中 ... Ⅲ . ①慈善事业—信托—研究
报告—中国— 2022 Ⅳ . ① D632.1

中国国家版本馆 CIP 数据核字（2023）第 170394 号

出 版 人：程　伟		终 审 人：李新涛	
责任编辑：陈　琛		责任校对：卢光花	
封面设计：尹　帅			

出版发行 中国社会出版社		地　　址：北京市西城区二龙路甲 33 号	
邮政编码：100032		编 辑 部：(010)58124835	
网　　址：shcbs.mca.gov.cn		发 行 部：(010)58124864；58124848	
经　　销：新华书店			

印刷装订：北京虎彩文化传播有限公司		开　　本：170 mm×240 mm　1/16	
印　　张：8		字　　数：80 千字	
版　　次：2023 年 9 月第 1 版		印　　次：2023 年 9 月第 1 次印刷	
定　　价：38.00 元			

中国社会出版社天猫旗舰店　　　　　中国社会出版社微信公众号

编委会成员名单

编委会成员（排名不分先后）

　　傅　强　陈　铮　苏小军　张　胜　姜　燕

　　李　和　汪跃云　蔡概还　李宪明

编委会顾问（排名不分先后）

　　王连洲　李伏安　高传捷　刘忠祥　郑　方

　　周小明　金锦萍　赵廉慧　李　佳　王　昊

　　钟向春

主　　编

　　蔡概还

编写工作组

　　和普予　沈苗妙　殷晓薇　廖迪昌

挖掘慈善信托优势，与慈善捐赠形成互补，推动第三次分配

中国慈善联合会慈善信托委员会主任　蔡概还

自 2016 年 9 月《中华人民共和国慈善法》颁布实施以来，我国慈善信托得到了一定发展。多年来，我国慈善信托依法合规开展，不断创新模式，开拓慈善信托财产来源，助力脱贫攻坚，助力抗击疫情，不断服务人民美好生活。但是，实践中，由于对慈善信托的宣传普及不够，导致了一些误解和偏见，例如混淆慈善信托与慈善捐赠，将两者等同起来；或者错误地认为有了慈善捐赠，慈善信托就是多余的。事实上，慈善信托与慈善捐赠一样，都是人们参与社会公益活动的一种途径和方式，两者具有互补性，应当共同促进我国慈善事业的规范健康发展。

一、慈善信托与慈善捐赠一样，具有纯公益性

慈善捐赠作为一种捐赠或资助慈善事业的社会活动，已被大众熟知。而慈善信托是以实现社会慈善事业为目的，并以全社会或部分社会公众为受益人的信托。我国的慈善信托是在公益信托的基础上发展起来的。根据我国慈善法的规定，慈善信托属于公益信托，是指委托人基于慈善目的，依法将其财产委托给受托人，由受托人按照委托人意愿以受托人名义进行管理和处分，开展慈善活动的行为。根据我国慈善法、信托法的相关规定，慈善信托具有纯公益性。

（一）慈善信托以公共利益为目的，其信托目的必须实质上有利于社会公众的利益。一项信托要构成慈善信托，其信托目的必须完全彻底属于公益目的，不能包括任何非公益的目的。这是慈善信托的一个基本特征，也是成立慈善信托的一项基本要求。因此，慈善信托财产必须完全彻底用于公益事业，不得用于私人。慈善信托的这一公益特性，排除了私人利益的可能性。信托目的不止一项时，每一项目的都必须是公益目的。假如一项信托的多项信托目的中，既有公益目的，也有非公益目的，即该信托包括私益因素，就不能构成慈善信托。

（二）慈善信托的信托财产及其收益，不得用于非公益目的。委托人将自己的财产设立慈善信托必须是无偿的，通常也是无条件的。慈善信托的目的是社会公共利益，委托人或者其他关联人不能要求从信托财产中受益。同时，慈善信托成立后，信托财产一般可以用于经营活动，使信托财产保值增值，以更好地实现公益目的，这也是境外的通行做法。对此，慈善信托财产投入经营后取得的收益，也必须全部用于公益目的。即使信托目的已经实现，慈善信托的财产及其收益也应当按照近似原则，用于近似的公益目的。

（三）受益对象不特定。受益对象不特定是指慈善信托最终享受信托利益的人不能在慈善信托文件中事先明确。慈善信托的受益人必须是不特定的，是按照委托人规定的条件，在委托人指定的范围内，由受托人选择确定。这是慈善信托与私益信托的一个重要区别。例如，某信托的目的是奖励某地区的优秀学生，以促进该地区教育事业的发展。即使该信托每年只资助一两位优秀学生，它也是一项慈善信托；但如果该信托的目的是资助委托人或者其亲属的子女，即使每年的受益人是多位，也是一项私益信托。通常情况下，慈善信托的委托人在信托文件中，规定信托利益的资助项目或者受益范围，但不能将受益对象具体化、特定化。当然，委托人可以规定或者限定受益人的人数，甚至受益人享受的信托利益的数量等。在具体受益人的产生办法上，依照各国惯例，由受托人根据慈善信托文件的规定进行挑选与确定。

（四）慈善信托终止。没有信托财产权利归属人或者信托财产权利归属人是不特定的社会公众的，经公益事业管理机构批准，受托人应当将信托财产用于与原公益目的相近似的目的，或者将信托财产转移给具有近似目的的公益组织或者其他慈善信托。这与私益信托不同，私益信托终止后，信托财产仍有剩余的，受托人应当交付委托人指定的权利归属人；委托人未指定的，受托人应当依次交付给信托受益人或其继承人、委托人或其继承人。但慈善信托终止后的剩余财产，应当适用近似原则。所谓近似原则，是指慈善信托终止后，剩余的信托财产应当用于与原信托目的近似的公益目的。需要注意的是，我国慈善信托近似原则的前提之一是"没有信托财产权利归属人"，虽然慈善信托的委托人将财产设立慈善信托，通常是彻底的，不会指定信托终止后剩余信托财产的权利归属人。但这一前提规定明显让人心生疑虑，建议修订慈善法时予以完善，明确规定慈善信托终止后，只要有剩余信托财产，就应当用于近似的社会公益目的。这样做既符合委托人的愿望，也符合慈善信托的纯公益特性。

二、慈善信托与慈善捐赠的区别

慈善信托是与慈善捐赠并行的慈善途径和方式，两者同样具有完全公益性。人们在参与社会公益事业时，既可以选择慈善捐赠，也可以选择慈善信托。无论是采用慈善捐赠还是慈善信托，基本上都能达成类似的公益目的。但慈善信托与慈善捐赠在法律依据、法律关系、慈善财产性质、框架结构等方面，还是有明显差别的，不能将两者等同起来。两者的主要区别，具体体现在：

（一）法律关系不同。慈善捐赠是一种以慈善为目的的赠与活动，根据我国慈善法第三十四条的规定，本法所称慈善捐赠，是指自然人、法人和其他组织基于慈善目的，自愿、无偿赠与财产的活动。根据我国民法典第三编第十一章的规定，赠与是指赠与人将自己的财产无偿给予受赠人，受赠人表示接受的一种行为。而慈善信托遵循的是信托法律关系，信托与赠与是完全不同的两种法律制度。

（二）设立方式不同。慈善捐赠作为赠与行为的一种，并未强制要求必须采用书面形式。我国慈善法第三十九条规定，慈善组织接受捐赠，捐赠人要求签订书面捐赠协议的，慈善组织应当与捐赠人签订书面捐赠协议。书面捐赠协议包括捐赠人和慈善组织名称，捐赠财产的种类、数量、质量、用途、交付时间等内容。而慈善信托的设立必须采用书面形式，我国慈善法第四十五条规定，设立慈善信托、确定受托人和监察人，应当采取书面形式。

（三）财产性质不同。在慈善捐赠中，赠与人将财产赠与受赠人后，财产所有权将完全转移给受赠人，成为受赠人的固有财产。而慈善信托财产如前所述，具有法律上的独立性，有别于委托人、受托人、受益人的固有财产，具有资产隔离的法律效果，受托人应当分别记账、分别管理。

（四）当事人不同。慈善捐赠没有受托管理这一中间环节，在当事人上仅存在两方，即赠与人和受赠人。而慈善信托存在委托人、受托人、受益人、监察人（如有）四方当事人，其目的在于通过受托人对慈善信托财产的管理处分，实现受益人的利益最大化。

（五）原财产所有人的权限不同。慈善捐赠中，赠与人在赠与生效后，通常就丧失了捐赠物上的所有权利。而慈善信托中，委托人仍享有一些法定权利，例如，对受托人管理处分慈善信托财产的情况具有了解和监督权等。

三、慈善信托相较于慈善捐赠的优势

从当今国际情况看，慈善捐赠方式最盛行，也是人们参与社会公益的主要方式，但不能据此得出慈善信托无用的结论。慈善信托与慈善捐赠相比较，具有以下特点和优势。

（一）量身定制。慈善信托由委托人根据自己的意愿设立，并可以由委托人冠名。受托人的职责是针对委托人的特定公益需求，帮助他们选择最合适的慈善方式，设计最佳的慈善信托方案，并实现委托人的慈善信托目的。慈善信托设立后，可以作为委托人的专属公益品牌，持续提升个人和企业的社会形象。

（二）设立简便。慈善信托无须申请法人注册登记，委托人只要有确定的财产、明确的公益目的，就可以找受托人商议设立慈善信托，并由受托人在慈善信托文件签订之日起七日内到民政部门备案。同时，在设立慈善信托的初始财产额度上，没有最低规模限制。

（三）财产独立。一方面，慈善信托设立后，慈善信托财产具有独立性，不属于委托人、受托人的固有财产，不同慈善信托财产之间也相互独立，对每一个慈善信托都必须分别记账、分别管理，不能混同。同时，慈善信托财产具有社会公益属性，必须全部用于公益慈善目的。

（四）管理灵活。慈善信托财产处于受托人的实际控制之下，可以对外投资管理，也可以不对外投资。需要对慈善信托财产进行对外投资管理时，可以由受托人实施，也可以委托第三人实施。

（五）专家理财。信托机构具有更多样化的资产管理能力，它可以根据慈善信托合同约定的投资范围，最大限度地保证慈善信托财产的安全和保值增值，更能实现委托人的公益意愿。例如，顺德社区慈善信托，该慈善信托 2017 年 5 月 27 日成立，期限永久，备案财产规模为 4.92 亿元。2018 年度收入合计 29468105.99 元，慈善支出 1300 万元；2019 年度收入合计 33427979.88 元，慈善支出 3330 万元；2020 年度收入合计 36765964.17 元，慈善支出 2398 万元；2021 年度收入合计 33717948.48 元，慈善支出 2769 万元。目前，该慈善信托存续规模约 5.24 亿元，实现了平稳运行。

（六）运营成本低。慈善信托不属于法人，自身没有常设机构，没有也不需要专门的办公场所和独立的工作团队。其管理由专业信托机构负责，通常每年仅向受托机构支付慈善信托财产总额 1% 甚至更低的管理费，无须支付其他额外成本。《中国银监会办公厅关于鼓励信托公司开展公益信托业务支持灾后重建工作的通知》（银监办发〔2008〕93号）第三条规定，"受托人管理费和信托监察人报酬，每年度合计不得高于公益信托财产总额的千分之八"。

（七）具有持久性。慈善信托的期限，既可以有一定年限，也可以无限期存续。当受托人不具有管理慈善信托财产的能力时，可以依法予以更换；当信托机构破产清算时，慈善信托财产不属于其清算财产，应当移交新受托人继续管理，不影响慈善信托的存续。信托公司破产不是信托破产，也不是信托财产破产。

（八）收益支出不受限。慈善信托没有年度支出的硬性要求，信托收益的支出可以在慈善信托合同中灵活约定，既可以运用本金，也可以不运用本金，只用收益做慈善。这一制度安排，使永续型慈善信托成为可能。本金不动用，也使慈善信托成为助力共同富裕的重要抓手，能够实现在做大蛋糕的基础上分好蛋糕。

（九）多方监管。通过委托人、受托人、受益人、信托监察人、民政部门、信托机构监管部门的共同参与，多方位、多视角实施对慈善信托的监管。慈善信托的受托人应当根据信托文件和委托人的要求，及时向委托人报告信托事务处理情况、信托财产管理使用情况；每年至少一次将信托事务处理情况及财务状况向其备案的民政部门报告，并向社会公开。

（十）实现公益目的手段灵活。比尔·盖茨说过："要将商业理念运用到公益事业上来。"我国宁夏本念公益基金会理事长司本念也提出："用经营企业的理念经营慈善。"慈善信托可以通过经营企业形式实现公益，可以给予受益对象以贷款担保、保险、接受教育等公益方式。

正因为慈善信托具有上述慈善捐赠所不具有的优势，慈善信托逐渐为世人所接受并大量采用，越来越多的公益事业采取了慈善信托方式。我认为，慈善信托作为一种新型的公益途径和方式，应当与慈善捐赠一起，互为补充、相互促进。

目 录 CONTENTS

第一部分　年度报告

第二部分　课题报告

中国慈善信托
发展报告
2022

— 第一部分 —

年度报告

报告摘要

2022 年是我国慈善事业发展历史上极其重要的一年。在全国各族人民迈上全面建设社会主义现代化国家新征程、向第二个百年奋斗目标进军的新的历史起点上，党的二十大报告为新时代中国特色慈善事业发展提供了根本遵循，共同富裕目标的扎实推进为慈善信托的发展提供了重要动力。在此背景下，2022 年我国慈善信托发展迈上了新的台阶。

一是慈善信托的发展速度不断加快。截至 2022 年底，慈善信托累计备案数量达到 1184 单，累计备案规模达到 51.66 亿元。其中，2022 年备案数量达到 392 单，比 2021 年增加 147 单，创历年新高；备案规模 11.40 亿元，较 2021 年增加 4.93 亿元。慈善信托备案区域范围更加广泛，备案机关数量持续增长，46 个民政部门实现首次备案突破。慈善信托受托人队伍加速扩大，累计有 65 家信托公司和 121 家慈善组织担任受托人开展慈善信托业务，其中 3 家信托公司和 58 家慈善组织首次担任慈善信托受托人。

二是慈善信托的发展质量明显提高。2022 年慈善信托备案规模涵盖多个区间，满足不同财产规模委托人设立慈善信托的需求。全年备案规模 1 亿元及以上的慈善信托有 3 单，为历年最多。慈善信托的设立更加普惠，规模 100 万元以下的慈善信托数量增长迅速。慈善信托的基层化发展态势突出，2022 年有 137 单慈善信托在区县级民政部门备案，占全年备案数量的 34.95%。慈善信托的管理更为规范，在设置监察人的慈善信托中，有 78.84% 的慈善信托选择律师事务所担任监察人。慈善信托的期限更加灵活，无固定期限慈善信托数量和占比持续提升，5 年期以上（含永续）型慈善信托数量也保持较大比例，满足了不同类型慈善项目的开展需求。

三是慈善信托的社会价值持续提升。慈善信托更好地满足了不同性质、不同资金规模的委托人开展慈善活动的个性化需求。慈善组织作为委托人的慈善信托数量最多，期限和规模都较为灵活；企业作为委托人的慈善信托规模较大，且更加关注慈善活动的永续运行；个人作为委托人的慈善信托在数量上保持稳定，高净值个人客户更加踊跃参与；行业协会、政府机关对慈善信托的探索更加深入；"企业+慈善组织""个人+慈善组织"的混合委托人模式有更多探索。慈善信托的目的更全面地涵盖了慈善事业各个领域，教育和扶贫济困始终是最受关注的方向，共同富裕、乡村振兴主题的慈善信托快速增长。信托公司、慈善组织持续开展慈善信托创新，探索非货币型慈善信托财产，拓展慈善财产来源渠道，进一步丰富委托人类型，大力推进慈善信托模式创新，更有效地引领慈善事业的创新发展。

展望2023年，国家对慈善工作的重视程度越来越高，对慈善事业更加寄予厚望，我国慈善事业迎来前所未有的发展机遇。慈善信托将继续保持良好发展态势，慈善组织开展慈善信托的意愿将进一步提升，信托公司与慈善组织的慈善信托合作将继续深化，多方合力共促慈善信托高质量发展的生态圈将逐步形成。为继续推动慈善信托规范健康发展，应鼓励慈善信托业务创新，提升慈善信托社会影响，进一步完善慈善信托业务监管体系，健全慈善信托税收优惠政策和信托财产登记制度，在中国特色社会主义公益慈善事业发展中为更好发挥慈善信托的作用提供坚实保障。

2022 年中国慈善信托发展报告

一、2022 年慈善信托发展的主要特征

（一）慈善信托的发展环境日益改善

1. 党的二十大为我国慈善事业发展提供了根本指引

2022 年 10 月，党的二十大胜利召开。在全党全国各族人民迈上全面建设社会主义现代化国家新征程、向第二个百年奋斗目标进军的关键时刻，党的二十大报告为新时代中国特色慈善事业发展提供了根本遵循。报告明确提出以中国式现代化全面推进中华民族伟大复兴，明确了中国式现代化的基本特征，为我国慈善事业的发展提供了清晰的目标方向。报告明确提出要"构建初次分配、再分配、第三次分配协调配套的制度体

系"，"引导、支持有意愿有能力的企业、社会组织和个人积极参与公益慈善事业"，这为慈善事业的发展提供了新的行动指南。

贯彻落实党的二十大报告精神，公益慈善力量在全面推进乡村振兴、支持教育发展、建设科技强国、弘扬优秀文化、增进民生福祉、推动绿色发展、提升安全治理等领域大有可为。在乡村振兴方面，慈善信托有助于巩固拓展脱贫攻坚成果，增强脱贫地区和脱贫群众内生发展动力；在教育方面，慈善信托可以助力加快建设高质量教育体系，完善覆盖全学段学生资助体系；在科技创新方面，慈善信托可以为强化国家战略科技力量，优化配置创新资源贡献力量；在文化建设方面，慈善信托可以为传承中华优秀传统文化，满足人民日益增长的精神文化需求提供支持；在增进民生福祉方面，慈善信托是分层分类的社会救助体系的重要组成部分，可在医疗卫生、健康养老、特定人群关爱和保护中发挥积极作用；在绿色发展方面，慈善信托可以大力支持发展方式绿色转型，推进环境污染防治，开展生态保护活动；在安全治理方面，慈善信托可以为防灾减灾救灾和重大突发公共事件处置提供支持保障。

2. 共同富裕目标为慈善信托的发展提供了重要动力

随着我国开启全面建设社会主义现代化国家新征程，国家对扎实推进共同富裕作出重要部署，为我国慈善事业发展提供了重要动力。党的二十大报告明确提出，"共同富裕是中国特色社会主义的本质要求"，要"着力促进全体人民共同富裕，坚决防止两极分化"。此前，党的十九大报告提出到本世纪中叶"全体人民共同富裕基本实现"的宏伟目标；党的十九届五中全会进一步提出共同富裕的阶段性目标，即到 2035 年"全体人民共同富裕取得更为明显的实质性进展"；国家将"全体人民共同富裕迈出坚实步伐"作为"十四五"时期经济社会发展主要目标之一，并发布了《关于支持浙江高质量发展建设共同富裕示范区的意见》，为全国推动共同富裕提供省域范例。在共同富裕目标引领下，企业、个人以及经济社会各主体参与公益慈善活动、履行社会责任的力度显著提升，有力地推动了我国公益慈善事业发展。慈善信托是我国公益慈善事业的重要组成部分，在推进共同富裕的道路上，可以发挥自身特有功能优势，通过凝聚社会各界力量，充分调动社会资源，重点关注地区差距、城乡差距、收入差距等共同富裕的薄弱环节，因地制宜、创新慈善帮扶模式，为共同富裕目标的实现作出应有贡献。

3. 慈善信托有关法律制度建设加快推进

《中华人民共和国慈善法》《中华人民共和国信托法》《慈

善信托管理办法》以及地方性慈善信托备案管理办法，构成了我国慈善信托业务基本监管政策体系。随着我国慈善事业的发展和慈善信托数量与规模的持续增长，慈善信托法律制度建设加快推进。一是慈善法迎来首次修订。2022 年 12 月 30 日，《中华人民共和国慈善法（修订草案）》公开征求意见，丰富了慈善信托设立方式、提出了强制监察人制度，并对慈善信托备案时效、受益人资格、受托人辞任、终止安排等方面进行补充和修改，为慈善信托规范发展提供坚实法治保障。二是慈善信托税收优惠政策加速推进。《中华人民共和国慈善法（修订草案）》明确提出，"国家对慈善事业实施税收优惠政策，鼓励引导自然人、法人和其他组织积极参与慈善事业。具体办法由国务院民政、财政、税务等有关部门制定。自然人、法人和其他组织设立慈善信托开展慈善活动的，依法享受税收优惠。设立慈善信托的，依法免征实物、有价证券、股权和知识产权等权利转让的行政事业性收费"。三是政府部门陆续发布鼓励慈善信托发展政策。2022 年 12 月 30 日，中国银保监会发布《关于规范信托公司信托业务分类有关事项的通知（征求意见稿）》，将公益/慈善信托作为与资产管理信托、资产服务信托并列的一级分类，并且提出鼓励信托公司积极探索公益/慈善信托业务。2022 年 3 月，中国人民银行、银保监会、证监会、国家外汇管理局四部门联合浙江省人民政府发布的《关于金融支持浙江高质量发展建设共同富裕示范区的意见》提出，要发挥金融在第三次分配中的作用，大力发展慈善信托。

4. 社会对慈善信托的认识程度持续深化

2022 年，政府部门、行业协会、慈善信托从业机构大力开展慈善信托宣传、研究、研讨活动，提升了社会各界对慈善信托的认识程度。中国银保监会主席郭树清在 2022 年"金融街论坛"上发言表示，应当积极推广公益信托，这是信托业的本源业务，在促进慈善事业规范发展方面发挥了独特的作用，并号召金融系统要在公益慈善事业中努力作出新的更大贡献。民政部慈善事业促进和社会工作司、中华慈善总会分别组织开展"慈善信托助力共同富裕""慈善组织开展慈善信托的路径探析"等专项课题，就更好发挥慈善信托作用、助力共同富裕进行深入研究。中国慈善联合会慈善信托委员会联合中国信托业协会、中国慈善联合会乡村振兴委员会组织召开座谈会，就慈善信托规范有序发展、制度建设与人才培养、全面推进乡村振兴、助力共同富裕等问题展开深入交流。浙江省民政厅联合银保监会浙江监管局、浙江省工商联举办"浙江省慈善信托政策和实务宣讲推介活动"，普及慈善信托相关知识，宣传推广慈善信托优秀案例，提升社会公众对慈善信托的认知度，加快推进慈善信托业务发展，助力共同富裕示范区建设。

（二）慈善信托的发展速度不断加快

1. 年度备案数量创历史新高

2022 年，我国慈善信托备案数量迈上新的台阶。根据"慈善中国"网站数据统计，2022 年全国累计备案慈善信托数量突破 1000 单，截至 2022 年末达到 1184 单。其中，2022 年度备案数量呈加快增长态势，达到 392 单，比 2021 年度增加 147 单，增幅 60%，创年度备案数量的历史新高。特别是党的二十大提出走共同富裕的中国式现代化道路理念，引导、支持有意愿有能力的企业、社会组织和个人积极参与公益慈善事业，极大地鼓舞了社会各界参与慈善信托的热情，仅 2022 年第四季度全国备案慈善信托数量就达到 194 单，接近全年备案数量的一半，推动了慈善信托进入新的发展阶段。

2. 年度备案财产规模不断增长

2022 年，我国慈善信托备案规模实现快速增长。根据"慈善中国"网站数据统计，2022 年慈善信托累计备案规模突破 50 亿元大关，截至 2022 年末达到 51.66 亿元。其中 2022 年度备案规模 11.40 亿元，较 2021 年增加 4.93 亿元，增幅达到 76.24%，接近 2018 年即脱贫攻坚三年行动的开局之年的年度

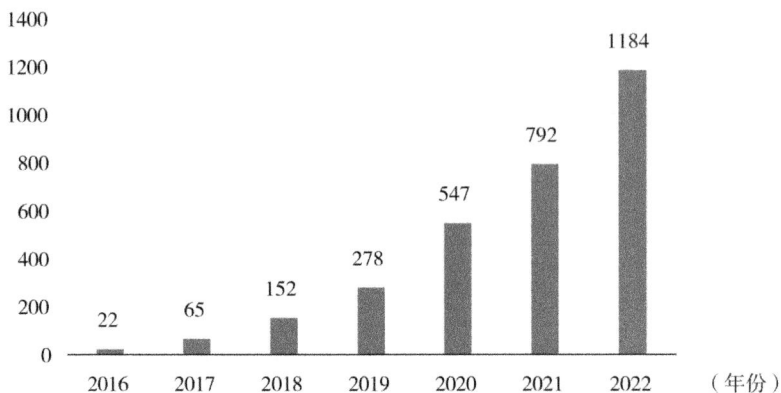

图 1　历年累计备案慈善信托数量（单）

数据来源：根据慈善中国信息平台公开数据整理统计。

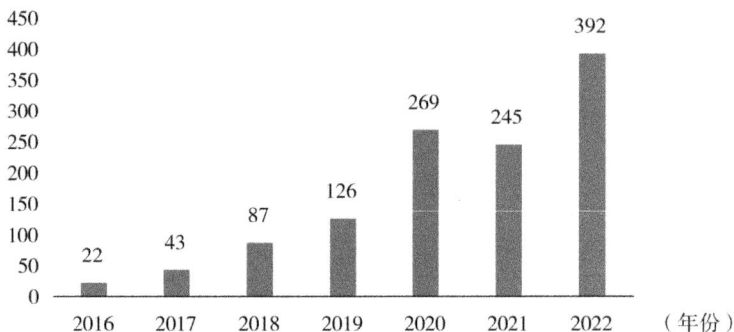

图 2　各年度备案慈善信托数量（单）

数据来源：根据慈善中国信息平台公开数据整理统计。

备案规模历史高点。

　　慈善信托规模的快速增长，除了新增慈善信托数量快速增长带动以外，存续慈善信托追加财产也有贡献。据统计，2022年度 41 单慈善信托较 2021 年末追加了 8385 万元的信托财产，

如"光信善·光大集团定点帮扶慈善信托2021"备案规模由
2021年末的100万元增加至2750.1万元，万向信托股份公司
（以下简称"万向信托"）"公益创新慈善信托"备案规模由
162万元增加至1292万元，万向信托"超进慈善信托"备案
规模由90万元增加至1176.96万元。中航信托股份有限公司
（以下简称"中航信托"）"君子伙伴慈善信托"在2022年办
理了5次追加信托财产，信托财产规模从初始的1万元增加到
222万元。

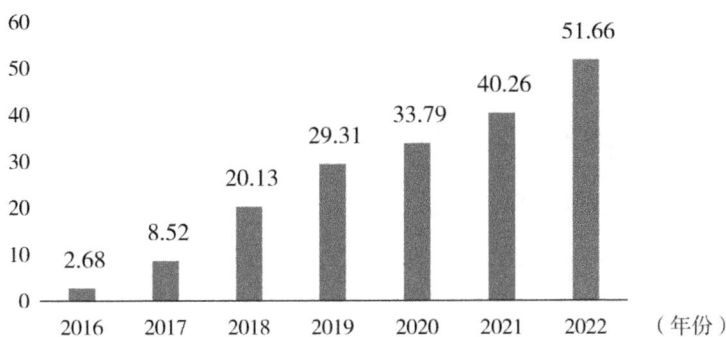

图3 历年累计备案慈善信托规模（亿元）

数据来源：根据慈善中国信息平台公开数据整理统计。

3. 备案区域范围更加广泛

2022年慈善信托备案地区涉及的省份有所增长，部分省份
领先优势明显。截至2022年12月31日，全国慈善信托备案地
区累计覆盖28个省级行政区。其中2022年备案地区覆盖21

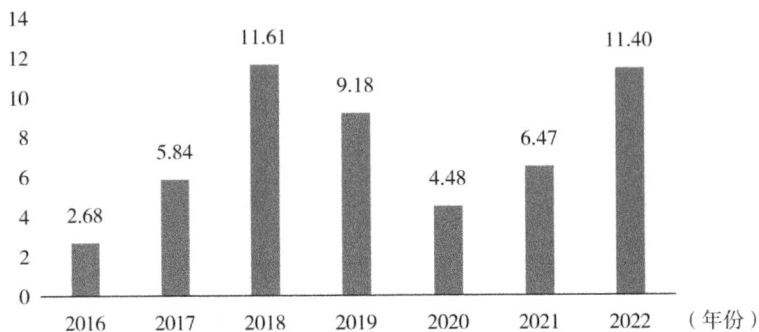

图4　各年度慈善信托备案规模（亿元）

数据来源：根据慈善中国信息平台公开数据整理统计。

个省级行政区，较 2021 年增加 2 个。部分省份慈善信托备案数量和规模显现了领先优势。

从数量的区域分布来看，浙江省、甘肃省、北京市累计备案数量领先，其中浙江省累计备案数量达到 363 单，是唯一突破 300 单的省级行政区，甘肃省达到 149 单，北京市为 108 单；浙江省、北京市、陕西省 2022 年度备案数量领先，其中浙江省年内备案 195 单慈善信托，远超其他省级行政区。

从规模的区域分布来看，浙江省、广东省、甘肃省累计备案规模领先，其中浙江省累计备案规模达到 15.38 亿元，是目前唯一突破 10 亿元的省级行政区，广东省、甘肃省分别为 9.12 亿元和 7.97 亿元；浙江省、北京市、广东省 2022 年度备案规模领先，其中浙江省备案规模超过 4 亿元，北京市、广东省也分别达到了 2.44 亿元和 1.27 亿元。

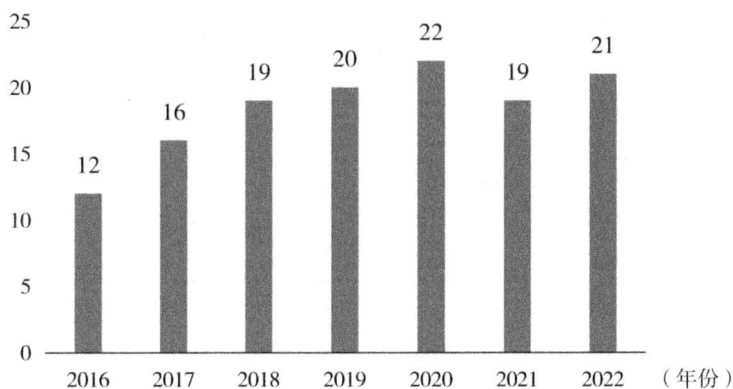

图 5　各年度备案慈善信托涉及省级行政区分布（个）

数据来源：根据慈善中国信息平台公开数据整理统计。

表 1　累计备案数量及 2022 年新增备案数量省级区域 TOP10

单位：单

排名	省级行政区	累计	排名	省级行政区	2022 年新增
1	浙江省	363	1	浙江省	195
2	甘肃省	149	2	北京市	54
3	北京市	108	3	陕西省	31
4	陕西省	98	4	广东省	21
5	广东省	79	5	甘肃省	16
6	青海省	49	6	江苏省	12
7	江苏省	48	7	江西省	11
8	天津市	42	8	青海省	7
9	江西省	33	9	河南省	6
10	上海市	28	10	山东省	6

数据来源：根据慈善中国信息平台公开数据整理统计。

表2 累计备案规模及2022年新增备案规模省级区域 TOP10

单位：万元

排名	省级行政区	累计	排名	省级行政区	2022年新增
1	浙江省	153811.96	1	浙江省	40546.38
2	广东省	91183.00	2	北京市	24360.04
3	甘肃省	79724.35	3	广东省	12739.00
4	北京市	62502.24	4	江西省	9195.47
5	江苏省	25756.89	5	四川省	7960.00
6	上海市	15954.05	6	江苏省	5349.71
7	江西省	13348.31	7	陕西省	3027.18
8	河南省	12798.57	8	山东省	2850.00
9	四川省	10598.53	9	湖南省	1790.00
10	陕西省	9727.50	10	河北省	1500.00

数据来源：根据慈善中国信息平台公开数据整理统计。

2022年慈善信托的备案机关数量也加快增长。全年共有97个民政部门备案了慈善信托项目，较2021年度增加34个，其中有46个民政部门在2022年度首次备案慈善信托。截至2022年末，全国累计已有123个民政部门备案了慈善信托，其中杭州市民政局、兰州市民政局和北京市民政局累计备案数量分列前三位，为151单、149单和108单。

4. 受托人队伍加速扩大

从受托人数量来看，2022年慈善信托受托人数量继续保持快速增长。截至2022年末，累计有186家机构担任了慈善信托的受托人，其中信托公司65家、慈善组织121家。2022年度开

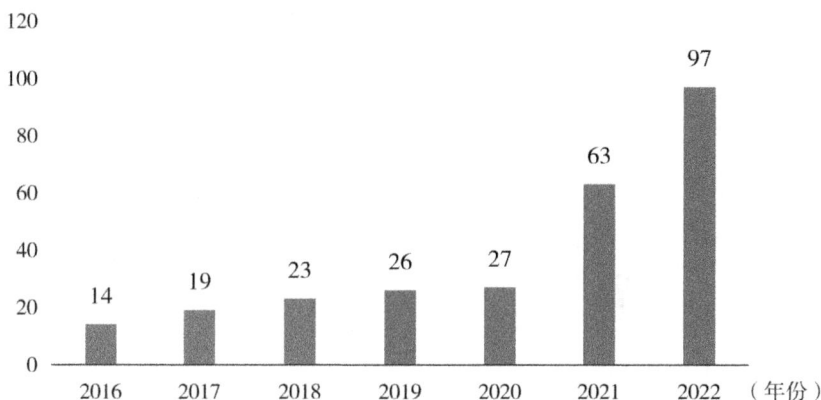

图6　各年度慈善信托涉及备案机关数量（个）

数据来源：根据慈善中国信息平台公开数据整理统计。

展慈善信托的受托人数量达到 121 家，较 2021 年增加 42 家，为历年最高。其中有 61 家机构在 2022 年首次担任慈善信托受托人，包括 3 家信托公司，分别为华鑫国际信托有限公司（以下简称"华鑫信托"）、江苏省国际信托有限公司（以下简称"江苏省国际信托"）、国联信托股份有限公司（以下简称"国联信托"），以及 58 家慈善组织，主要来自浙江省、广东省。

从受托方式来看，2022 年，慈善信托受托方式以单一信托公司担任受托人为主，共同受托模式延续 2021 年以来的快速增长趋势。从历年累计来看，截至 2022 年末，单一信托公司作为受托人的慈善信托共 925 单，备案规模 35.87 亿元，占比分别达到 78.13% 和 69.43%，是慈善信托最主要的受托类型；单一慈善组织作为受托人的共有 25 单，备案规模 0.68 亿元；

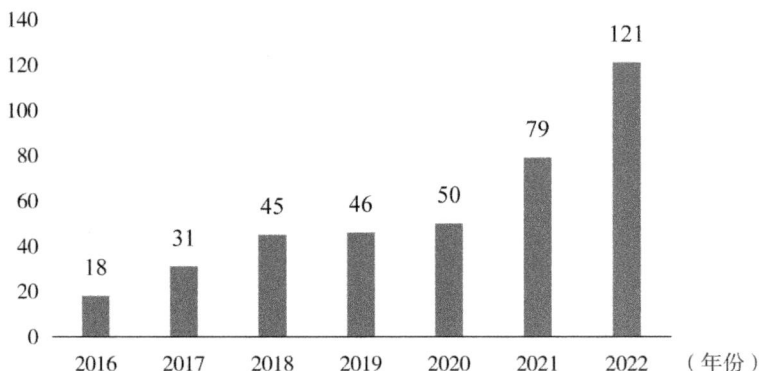

图7 各年度担任慈善信托受托人的机构数量（个）

数据来源：根据慈善中国信息平台公开数据整理统计。

信托公司和慈善组织共同作为受托人的慈善信托共有 234 单，备案规模为 15.11 亿元，占比分别达到 19.76% 和 29.25%。

表3 不同受托方式下慈善信托备案数量及规模

单位：单、万元

年份	信托公司		慈善组织		共同受托	
	数量	规模	数量	规模	数量	规模
2016	19	26351.30	1	100.00	2	300.00
2017	34	8199.87	3	211.10	6	50000.00
2018	71	104464.93	6	5674.84	10	5996.60
2019	110	41186.12	1	50.00	15	50573.47
2020	257	44418.57	2	40.00	10	350.10
2021	190	61732.88	4	46.00	51	2895.68
2022	244	72311.11	8	703.84	140	40965.22
合计	925	358664.78	25	6825.78	234	151081.07

数据来源：根据慈善中国信息平台公开数据整理统计。

从 2022 年度新增来看，2022 年度备案的由单一信托公司担任受托人的慈善信托共 244 单，规模 7.23 亿元，占比分别为 62.24% 和 63.44%，尽管仍然为最主要的受托类型，但占比较 2021 年分别降低 15.31 个百分点和 32.01 个百分点；2022 年信托公司和慈善组织共同担任受托人的慈善信托数量 140 单，比 2021 年增加了 89 单，规模 4.10 亿元，较 2021 年增加 3.81 亿元，数量及规模占比分别达到 35.71% 和 35.94%，分别较 2021 年增加 14.89 个百分点和 31.46 个百分点。

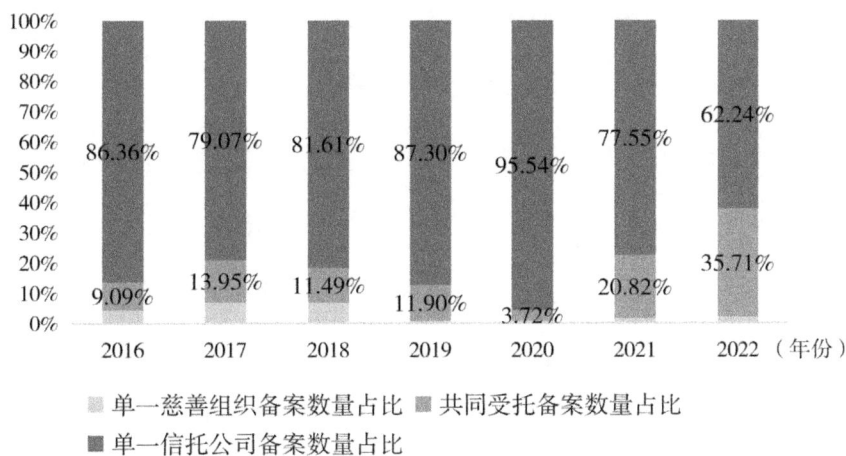

图 8　不同受托方式慈善信托备案数量占比

数据来源：根据慈善中国信息平台公开数据整理统计。

部分受托人的备案数量和备案规模领先优势较为突出。从数量来看，万向信托、光大兴陇信托有限责任公司（以下简称"光大信托"）累计备案数量领先，其中万向信托累计备案数

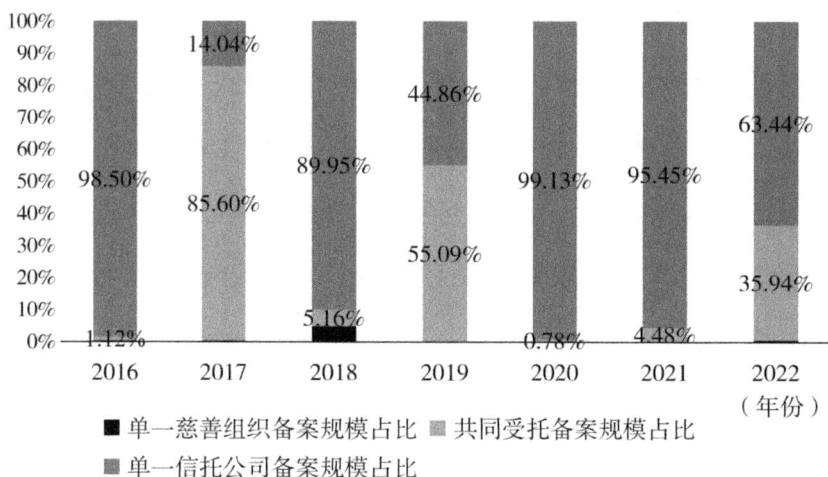

图9 不同受托方式慈善信托备案规模占比

数据来源：根据慈善中国信息平台公开数据整理统计。

量达到 218 单、光大信托为 157 单，遥遥领先其他受托人；2022 年度万向信托、中国对外经济贸易信托有限公司（以下简称"外贸信托"）、昆仑信托备案数量领先，其中万向信托备案数量达到 102 单，前十名的门槛达到 10 单。从规模来看，万向信托、中信信托有限公司（以下简称"中信信托"）、光大信托累计备案规模领先，其中万向信托累计备案规模达到 11.94 亿元，中信信托累计备案规模达到 10.41 亿元，是目前仅有的 2 家累计备案规模突破 10 亿元的受托人，光大信托紧随其后，达到了 8 亿元。2022 年度中信信托、慈溪市慈善总会、华鑫信托备案规模领先，中信信托备案规模为 3 亿元，慈溪市慈善总会和华鑫信托备案规模均为2亿元①。

表4　累计备案数量及2022年备案数量TOP10

单位：单

排名	受托人	累计	排名	受托人	2022年新增
1	万向信托股份公司	218	1	万向信托股份公司	102
2	光大兴陇信托有限责任公司	157	2	中国对外经济贸易信托有限公司	42
3	陕西省国际信托股份有限公司	49	3	昆仑信托有限责任公司	27
4	五矿国际信托有限公司	49	4	光大兴陇信托有限责任公司	24
5	长安国际信托股份有限公司	49	5	中建投信托股份有限公司	23
6	中国对外经济贸易信托有限公司	45	6	长安国际信托股份有限公司	21
7	杭州工商信托股份有限公司	44	7	杭州工商信托股份有限公司	19
8	中建投信托股份有限公司	39	8	中航信托股份有限公司	13
9	昆仑信托有限责任公司	34	9	浙商金汇信托股份有限公司	11
10	天津信托有限责任公司	33	10	陕西省国际信托股份有限公司	10

数据来源：根据慈善中国信息平台公开数据整理统计。

---

① 2022年中信信托与慈溪市慈善总会共同受托成立慈善信托，规模2亿元。

表5　累计备案规模及2022年备案规模TOP10

单位：万元

排名	受托人	累计	排名	受托人	2022年新增
1	万向信托股份公司	119367.12	1	中信信托有限责任公司	30000.00
2	中信信托有限责任公司	104101.88	2	慈溪市慈善总会	20000.00
3	光大兴陇信托有限责任公司	80024.35	3	华鑫国际信托有限公司	20000.00
4	昆山市慈善基金会	50000.00	4	中航信托股份有限公司	10395.47
5	广东省何享健慈善基金会	49200.00	5	万向信托股份公司	10060.56
6	慈溪市慈善总会	20000.00	6	广东省和的慈善基金会	10000.00
7	华鑫国际信托有限公司	20000.00	7	中铁信托有限责任公司	7960.00
8	中航信托股份有限公司	14438.31	8	国联信托股份有限公司	4636.00
9	苏州信托有限公司	11750.30	9	长安国际信托股份有限公司	3903.26
10	平安信托有限责任公司	10775.45	10	昆仑信托有限责任公司	3700.01

数据来源：根据慈善中国信息平台公开数据整理统计。

（三）慈善信托的发展质量明显提高

1. 慈善信托的设立更加普惠

2022年慈善信托备案规模涵盖多个区间，满足不同财产规模委托人设立慈善信托的需求。其中规模最大的达2亿元，规模最小的仅1000元，平均规模为291万元，较2021年增加27万元，中位数规模为27万元，较2021年下降3万元。2022年备案规模1亿元及以上的慈善信托有3单，为历年最高。

从信托规模分布来看，100万元以下的慈善信托数量占比居多，且数量增长迅速。截至2022年末，备案规模在100万元以下的慈善信托数量累计有771单，占比为65.12%；100万（含）～1000万元（不含）的数量合计330单，占比为27.87%。2022年新增备案的慈善信托中，规模在100万元以下的有265单，较2021年增加98单，占比达到67.60%；100万（含）～1000万元（不含）的数量合计106单，较2021年增加44单，占比为27.04%。随着信托公司和慈善组织不断加强慈善信托宣传，提升社会公众对慈善信托的认知，不同性质不同财产规模的各界主体以慈善信托形式开展公益慈善活动的热情显著提升。

表6　不同规模区间慈善信托备案数量及规模情况

单位：单、万元

年份	1亿元以上（含）		1000万（含）～1亿元（不含）		100万（含）～1000万元（不含）		100万元以下	
	数量	规模	数量	规模	数量	规模	数量	规模
2016	1	10000.00	5	14140.90	11	2441.06	5	169.34
2017	1	49200.00	3	3800.00	19	4633.65	20	777.32
2018	2	86600.00	11	19985.00	27	8201.69	47	1349.68
2019	1	50000.00	7	28900.00	44	11088.47	74	1821.12
2020	0	0	15	26123.99	61	14389.65	193	4295.03
2021	1	20001.00	15	26905.76	62	14244.34	167	3523.46
2022	3	50000.00	18	34382.67	106	24328.86	265	5268.64
合计	9	265801.00	74	154238.32	330	79327.72	771	17204.59

数据来源：根据慈善中国信息平台公开数据整理统计。

表7　2022年度新增慈善信托备案规模TOP10

单位：万元

排名	慈善信托名称	备案规模
1	中信信托·公牛集团慈善信托	20000
2	华鑫信托·2022同鑫善行一号横店创享教育慈善信托	20000
3	中信信托-和的慈善基金会·美泽慈善信托	10000
4	中铁信托-中国志愿服务基金会-中国中铁乡村振兴1号	7930
5	九坤暖阳慈善信托	4000
6	寸草春晖·2022教育发展慈善信托	2488
7	无锡市崇军关爱基金慈善信托	2020
8	万向信托-2022上辛角教育慈善信托	2000
9	慈济四明医疗发展慈善信托	2000
10	爱佑原力慈善信托	1900

数据来源：根据慈善中国信息平台公开数据整理统计。

2. 慈善信托的备案深入基层

2022年慈善信托纵深化发展态势突出，全国区县级基层备案机关参与度显著提升。2016—2020年，备案机关以省（直辖市）级和市级为主导，区县级民政部门备案的慈善信托仅有一单。2021年，区县级民政部门备案慈善信托数量实现快速突破，达到38单。2022年区县级民政部门备案数量和规模加快增长，数量达到137单，比2021年增长2.6倍，规模达到2.88亿元，比2021年增长10倍多，数量和规模占比也分别达到了34.95%和25.25%。

快速增长的区县级备案机关主要来自浙江省。截至2022

年末，在区县级民政部门备案的 176 单慈善信托中，有 166 单来自浙江省、有 6 单来自陕西省、3 单来自广东省、1 单来自江苏省。从区县级备案机关具体所在地来看，浙江省已有 63 个区县的民政局备案了慈善信托，其中杭州市滨江区民政局累计备案 9 单，杭州市临平区民政局、杭州市钱塘区社会发展局、杭州市上城区民政局分别累计备案 7 单，备案数量居于前列。

表 8　不同行政层级的备案机关备案慈善信托数量及规模

单位：单、万元

年份	省（直辖市）级		市级		区县级		合计	
	数量	规模	数量	规模	数量	规模	数量	规模
2016	9	16266.00	13	10485.30	0	0	22	26751.30
2017	17	51219.10	26	7191.87	0	0	43	58410.97
2018	34	11623.22	52	104366.55	1	146.60	87	116136.37
2019	40	4305.73	86	87503.86	0	0	126	91809.59
2020	53	8888.86	216	35919.81	0	0	269	44808.67
2021	44	27743.48	163	34347.01	38	2584.07	245	64674.56
2022	76	38309.41	179	46886.72	137	28784.04	392	113980.17
合计	273	158355.80	735	326701.12	176	31514.71	1184	516571.63

数据来源：根据慈善中国信息平台公开数据整理统计。

3. 慈善信托的管理更为规范

从监察人设置来看，目前已设置监察人的慈善信托数量持续增加，累计达到 449 单，监察人类型以律师事务所为主。截至 2022 年 12 月 31 日，449 单设置监察人的慈善信托中，有 354 单选择了律师事务所作为监察人，数量占比为 78.84%。2022 年共有 112 单新增的慈善信托设置了监察人，其中有 85 单选择了律师事务所，数量占比为 75.89%。在担任监察人的律师事务所中，上海市锦天城律师事务所及其分所、浙江子城律师事务所、北京大成律师事务所及其分所、北京市中盛律师事务所担任慈善信托监察人次数最多，均超过 30 单，其中上海市锦天城律师事务所累计达到 75 单，数量方面居于各监察人之首。

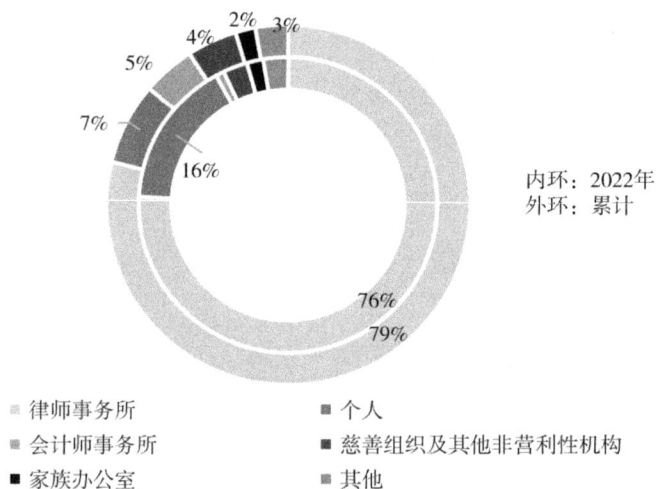

图 10 设立监察人的慈善信托的监察人类型占比

数据来源：根据慈善中国信息平台公开数据整理统计。

从托管人设置来看，截至 2022 年末，有 1147 单慈善信托披露了托管银行信息，有 33 单明确不设置托管人，4 单未披露托管人情况。在 2022 年备案的慈善信托项目中，有 390 单披露了托管银行信息，有 1 单明确不设置托管人，有 1 单未披露托管人信息。从托管数量看，兴业银行、招商银行累计托管数量和 2022 年度新增托管数量均居第一名和第二名。其中兴业银行累计 269 单，2022 年度 114 单；招商银行累计 251 单，2022 年度 71 单；其余托管人累计托管数量均未超过 100 单。从托管规模来看，招商银行、中信银行分别以 11.99 亿元和 9.29 亿元位居慈善信托累计托管规模第一名和第二名，中信银行、宁波银行分别以 3.04 亿元和 2.05 亿元位居慈善信托 2022 年新增托管规模第一名和第二名。

表 9　累计托管数量及 2022 年托管数量 TOP10

单位：单

排名	托管人	累计	排名	托管人	2022 年新增
1	兴业银行	269	1	兴业银行	114
2	招商银行	251	2	招商银行	71
3	光大银行	90	3	中国银行	51
4	工商银行	77	4	农业银行	34
5	建设银行	69	5	工商银行	20

续表

排名	托管人	累计	排名	托管人	2022 年新增
6	中国银行	61	6	建设银行	16
7	农业银行	44	7	宁波银行	16
8	民生银行	43	8	光大银行	14
9	浦发银行	42	9	民生银行	9
10	中信银行	39	10	中信银行	9

数据来源：根据慈善中国信息平台公开数据整理统计。

表 10 累计托管规模及 2022 年托管规模 TOP10

单位：万元

排名	托管人	累计	排名	托管人	2022 年新增
1	招商银行	119914.77	1	中信银行	30400.54
2	中信银行	92915.06	2	宁波银行	20481.90
3	兴业银行	85159.27	3	建设银行	11285.47
4	中国银行	58432.20	4	招商银行	10871.70
5	建设银行	31974.39	5	兴业银行	10652.38
6	光大银行	25682.16	6	农业银行	8967.07
7	宁波银行	24852.93	7	民生银行	8046.50
8	农业银行	14933.07	8	工商银行	3625.73
9	平安银行	12815.45	9	中国银行	2328.68
10	工商银行	10012.22	10	浙商银行	1523.00

数据来源：根据慈善中国信息平台公开数据整理统计。

4. 慈善信托的期限更加灵活

从期限分布来看，为满足不同慈善信托类型对慈善活动开展的需求，更好地保障慈善目的的实现，慈善信托的期限设计更加灵活。一方面，无固定期限慈善信托数量及占比持续提升。截至 2022 年末，累计备案的无固定期限慈善信托 393 单，数量占比达到 33.19%，居各期限类型的首位；2022 年度备案的无固定期限慈善信托 171 单，占比更是达到 43.62%，均为历年最高水平。2022 年度备案的期限为 1~2 年的短期慈善信托数量占比也达到 19.13%，主要以小型慈善信托为主。另一方面，期限为 5 年以上（包含永续）型慈善信托数量也保持较大比例，2022 年合计有 122 单，占比为 31.12%，体现了委托人对长期持续开展慈善活动的需求。

（四）慈善信托的社会价值持续提升

1. 更好地满足了不同委托人的慈善需求

慈善信托的委托人主要来自慈善组织、企业、个人、其他非营利性机构、政府机构等主体。2022 年，从备案数量来看，慈善组织、企业、个人作为委托人的慈善信托占比较高，分别为 54.85%、10.97%、9.95%。从备案规模来看，企业、慈善组织、其他非营利性机构占比较高，分别为 32.68%、30.61%

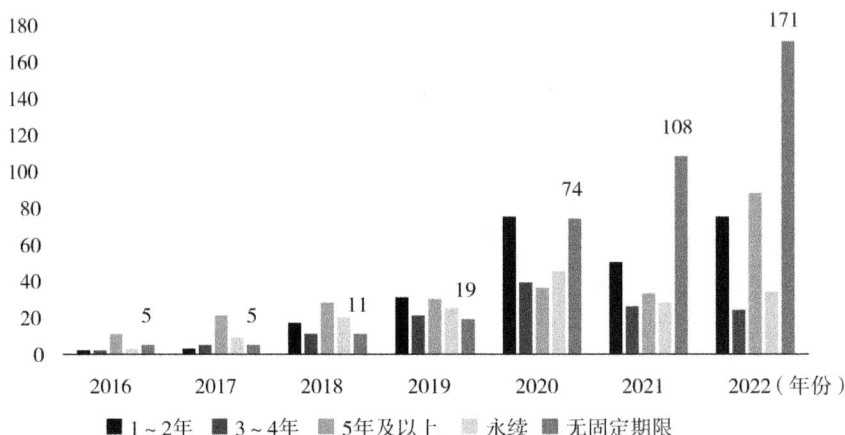

图 11　各年度备案慈善信托期限分布（单）

数据来源：根据慈善中国信息平台公开数据整理统计。

和 17.91%。此外，2022 年有 59 单慈善信托未披露委托人信息，体现了对委托人保护个人隐私意愿的尊重。

不同类型的委托人所设立的慈善信托各有特点，反映了不同资金规模、不同类型委托人运用慈善信托开展慈善活动的不同需求。

一是慈善组织作为委托人的慈善信托数量最多，期限和规模都较为灵活。全年共备案 215 单，比 2021 年增加 129 单，增幅 150%，其中近四分之三是规模 100 万元（不含）以下的慈善信托，近一半采用无固定期限安排，可见慈善组织比较关注慈善信托的普惠性和灵活性特点。

二是企业作为委托人的慈善信托规模较大，且更加关注慈

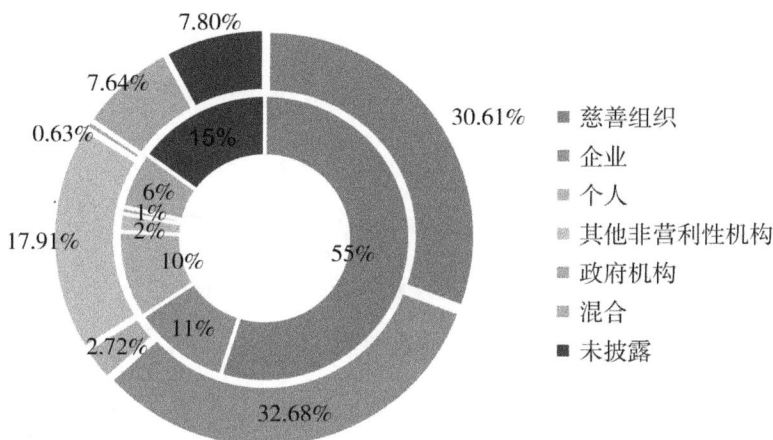

图 12　2022 年备案慈善信托委托人类型分布

数据来源：根据慈善中国信息平台公开数据整理统计。

善活动的永续运行。全年共 43 单，规模 3.73 亿元，比 2021 年增长 3.16 亿元，规模增幅 560%。其中规模 1 亿元以上的有 2 单，分别为由广东美泽科技发展有限公司设立的"中信信托–和的慈善基金会·美泽慈善信托"和由慈溪市公牛电器有限公司、宁波公牛电工销售有限公司、宁波公牛精密制造有限公司联合设立的"中信信托·公牛集团慈善信托"，期限均为永续。

三是个人作为委托人的慈善信托在数量上保持稳定，高净值个人客户更加踊跃参与。全年共 39 单，有 15 单规模达到或超过 100 万元，期限普遍在 10 年以上或永久存续，慈善信托名称体现了高净值客户对亲人的纪念和家族慈善精神传承的期待。同时也有 19 单是规模 10 万元以下的慈善信托，满足了较低资金规模的个人开展慈善活动的需要。

四是行业协会、政府机关对慈善信托的探索更加深入。2022 年东阳市横店社团经济企业联合会作为委托人设立"华鑫信托·2022 同鑫善行一号横店创享教育慈善信托",备案规模 2 亿元,是本年度备案规模最大的慈善信托之一。同时,慈善法实施以来累计有 15 单慈善信托由政府机构担任委托人,如扶贫办、乡村振兴局、村民委员会、开发新区管理委员会等。政府机关作为慈善信托委托人,可以在帮扶项目信息共享、受益人精准选定、慈善项目监督执行等方面发挥积极作用。

五是"企业+慈善组织"或"个人+慈善组织"的混合委托人模式有更多探索。2022 年混合型委托人的慈善信托共 25 单,规模 8705.77 万元。该模式下,企业或个人将拟开展慈善活动的财产先捐赠给慈善组织,并与慈善组织联合作为委托人设立慈善信托,不仅基本解决了企业/个人取得捐赠票据的需求,同时也能更好发挥其在慈善信托中的主导权。2021 年备案的芳梅教育慈善信托、2022 年备案的九坤暖阳慈善信托是这类模式的典型代表。

2. 更全面地涵盖了慈善事业各个领域

2022 年备案的慈善信托紧紧围绕国家公益慈善事业的发展

需求，确定慈善活动的领域，信托目的涵盖了慈善法所列举的全部领域，并且在四个方面表现突出。

一是聚焦特定慈善领域的慈善信托占比较高。其中，聚焦单一慈善目的的慈善信托共 186 单，占比 47.45%，如"促进教育事业发展""开展困难群众慰问活动"等，体现了清晰的慈善活动规划；聚焦 5 个以内特定慈善领域的慈善信托有 123 单，占比约 31.38%，如"开展扶贫、助困、助残等慈善活动"等。有 21.17% 的慈善信托的信托目的较为综合，如"用于开展扶贫、济困、扶老、救孤、恤病、助残、优抚、救灾等慈善活动，促进教育、科技、文化、卫生、体育、环保等事业发展，以及支持其他符合慈善法规定的公益活动"，或者"开展符合慈善法规定的慈善公益活动"等，需要在具体实施中科学规划慈善活动以更好实现信托目的。

二是教育和扶贫济困始终是最受关注的慈善目的类型。2022 年备案的慈善信托中，有 217 单慈善信托关注教育，181 单关注扶贫济困，分别比 2021 年增长了近一倍，占比分别达到 55% 和 46%。截至 2022 年末累计备案的慈善信托中，关注教育、扶贫济困的慈善信托分别有 564 单、510 单，占比分别达到 48% 和 43%。关注恤病助残优抚领域的慈善信托数量居第三位，2022 年共有 133 单。多单专门救助尿毒症患者、白血病患者、先天性心脏病患者、强直性脊柱炎患者的慈善信托，为特殊病种患者带来了社会关爱。

单位：单

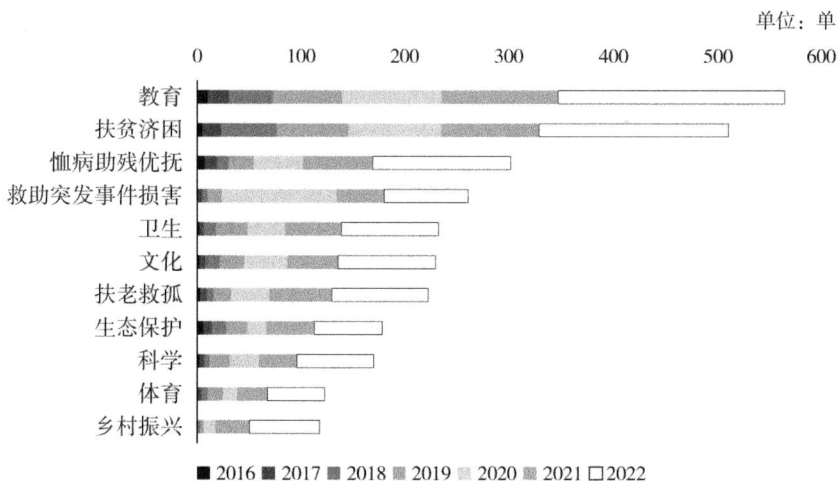

图 13 慈善信托信托目的分布

数据来源：根据慈善中国信息平台公开数据整理统计。

三是共同富裕、乡村振兴主题的慈善信托快速发展。慈善信托紧紧围绕社会对公益慈善事业需求的重点方向，践行支持国家重大战略的使命担当。2022 年涌现 46 单共同富裕主题或包含共同富裕信托目的的慈善信托，规模合计 2.20 亿元。乡村振兴慈善信托保持快速发展，2022 年新备案 66 单乡村振兴主题慈善信托，规模合计 4.22 亿元，累计备案 117 单，规模合计 11.53 亿元，为助力巩固拓展脱贫攻坚成果同乡村振兴有效衔接作出了积极贡献。

四是慈善信托目的重视文化传承和社会治理领域。"中航信托·中华慈善总会家族慈善文化建设慈善信托"致力于推动家族慈善文化建设和家族慈善事业发展;"中诚信托 2022 诚善·张循循·张菊人中医药传承发展慈善信托"通过资助中医药人才培育和宣传推广,助力中医药事业传承发展;"佛山市社工人才队伍建设慈善信托""滨江区扶持社区发展基金会 3 号慈善信托"分别支持社工人才队伍建设和社区基金会发展,发挥慈善信托在助力基层社会治理完善中的积极作用。

3. 更广泛地动员了各方主体参与慈善信托

2022 年,金融机构、政府机关、行业联盟等机构在自身积极参与慈善信托的同时,也动员更多主体参与慈善信托,为拓宽慈善信托财产来源,提升慈善财产投资收益,加强慈善信托规范管理作出了积极贡献。

一是私人银行、证券公司动员高净值客户,将公益慈善纳入客户家族财富传承规划,并以财务顾问形式提供慈善财产投资管理服务。中国农业银行私人银行部成立"壹私行·公益金融实验室",推出"恒·沁"系列慈善信托品牌,积极发动自身客户设立慈善信托,推动落地了十余单慈善信托。中国中金财富证券有限公司将慈善信托作为引导企业家对优秀公益慈善项目进行长期支持的重要载体,在推动家族信托业务的同时积极宣传慈善信托，联合信托公司设立了多单慈善信托。

二是政府机构、行业联盟积极组织设立慈善信托。2022年，湖南省地方金融监督管理局组织设立了助力杭州青山村乡村振兴慈善信托，系全国首单金融监管单位组织设立的助力乡村振兴慈善信托。杭州钱塘江金融港湾核心区（上城）发展联盟组织浙江省内金融投资公司、银行、信托公司、期货公司、证券公司等金融机构共同发起设立"金融港湾共富慈善基金慈善信托"，系浙江省首单由金融机构以慈善信托形式与政府共同发起设立的慈善基金，重点关注对浙江高质量发展建设共同富裕示范区具有明显推动作用的优质项目。

4. 更有效地引领慈善事业的创新发展

2022年，信托公司、慈善组织联合相关机构积极开展慈善信托业务创新探索，有效地引领了我国慈善事业创新发展。

一是持续探索非货币型慈善信托财产。2022年，建信信托有限责任公司（以下简称"建信信托"）受托设立全国第一单原创艺术品慈善信托，委托人以自身原创画作作为信托财产，并联合建行、深圳市艺术品拍卖行、深圳市创新企业社会责任促进中心等多家合作机构，着力解决艺术品鉴别、估值、管理能力等问题，进一步丰富了艺术品慈善信托的实践。

二是继续拓展慈善财产来源渠道。外贸信托设立"客户权益-积分"慈善信托，由捐赠人以其在金融机构的业务积分和资金财产捐赠给基金会，并由基金会和捐赠人作为委托人共同设立慈善信托。该慈善信托的探索拓展了金融机构客户积分权益的使用范围，拓展了慈善信托财产的来源渠道，是打造金融公益生态圈的有益尝试。

三是进一步丰富委托人类型。"中诚信托 2022 诚善·凯德盛世助学慈善信托"是国内首单未成年人作为委托人设立的慈善信托，通过监护人附签信托合同和相关条款设计，确保了未成年人参与慈善信托事务得到监护人的全程监护，不仅创新了未成年人亲自参与公益慈善事业的路径，而且为我国公益慈善事业发展注入了新的青春力量。

四是大力推进慈善信托模式创新。"袁隆平慈善信托"以"金融+公益+科技"模式助力公益慈善事业发展，慈善信托财产用于资助现代农业发展和农业领域的科研创新，信托财产投资由中国农业银行担任财务顾问。鉴于袁隆平院士在国内外拥有崇高声誉和巨大影响力，慈善信托设置为开放式委托人架构，支持社会资金追加，以进一步扩大慈善信托的公益效能。"杭工信·大下姜富民慈善信托"在开展乡村振兴项目中，创新"乡村振兴联合体+专项基金+慈善信托+社会企业+影响力投资"的模式，打造政府机构与信托公司、公益组织联动共同参与公益项目的富民新模式。

二、2023 年慈善信托发展展望

（一）共同富裕背景下慈善信托将继续保持良好发展态势

在走共同富裕的中国式现代化道路上，国家对慈善工作的重视程度越来越高，对慈善事业更加寄予厚望，我国慈善事业也迎来前所未有的发展机遇。近年来，我国公益慈善事业蓬勃发展，民政部统计公报显示，慈善组织、社会捐赠、志愿服务等各项指标均增长迅速，全国社会组织捐赠收入在 2020 年、2021 年均保持两位数增长；调查显示，87% 的受访者为公益慈善事业捐献过现金或者实物，公益慈善已成为人民群众的日常生活方式。慈善信托在引导、支持有意愿有能力的企业、社会组织和个人积极参与公益慈善事业中具有独特优势，其设立程序简便高效，结构设计充分自由，信托财产受到特别保护，信托管理受到多重监督，可以满足委托人的个性化慈善需求，因而受到越来越多社会公众的青睐。展望 2023 年，慈善信托将随着慈善事业的发展而进一步推广，慈善信托受托人着力提升委托人服务水平，为越来越多不同性质、不同财产规模的机构和个人开展慈善活动搭建平台，进一步扩大慈善财产来源，为我国慈善事业发展作出更多增量贡献。同时，预计有更多共同富裕主题的慈善信托备案，并在缩小贫富差距、地区差距和城乡差距中发挥积极作用。

（二）慈善组织开展慈善信托的意愿将进一步提升

在民政部门和地方政府的积极推动下，近年来慈善组织参与慈善信托的积极性显著提升。截至 2022 年，已有 121 家慈善组织担任受托人设立和管理了慈善信托。不少慈善组织将慈善信托作为重要业务创新方向，高度重视慈善信托对自身高质量发展的价值贡献。实践中，慈善组织通过开展慈善信托业务，提升了慈善客户服务水平，拓展了慈善财产来源，灵活地安排了慈善活动支出，提高了慈善财产投资收益，创新了慈善项目运作模式，显著地提升了慈善组织的品牌形象。展望 2023 年，枢纽型、行业型慈善组织将积极运用慈善信托工具，在引导企业和高收入人群参与公益慈善方面继续发力，通过深化金融机构合作，倡导家族慈善文化，提升慈善专业服务能力，推动设立大额、定制化、可持续的慈善信托。专业型慈善组织将慈善信托作为重要的筹款渠道，大力推动优秀的慈善项目与慈善信托对接，为慈善项目实施引入更多资源支持。基层社区类慈善组织将在慈善信托的普及中发挥更加积极的作用，通过慈善信托为更多家庭开展慈善活动提供新的方式选择，推动形成"人人行善"的良好社会氛围。

（三）信托公司与慈善组织的慈善信托合作将继续深化

信托公司开展慈善信托初始便高度重视与慈善组织的紧密合作。为解决慈善信托委托人的税前抵扣需求，信托公司与慈善组织共同探索了"捐赠+信托""信托+项目执行""共同受托"等业务模式，建立了双方合作的基础。基于专业分工原则，双方又在合作中由信托公司发挥资产配置优势，提升慈善财产投资收益；由慈善组织发挥慈善项目执行优势，实现慈善信托的慈善目的。随着慈善组织开展慈善信托业务的经验积累和主导能力提升，其对信托公司的合作要求也将进一步提高。展望2023年，信托公司与慈善组织的慈善信托业务合作将继续深化。一方面是深化客户拓展与服务领域的合作。信托公司将借助慈善组织的专业能力更加充分地挖掘自身财富管理业务中的公益慈善需求，以"投资收益+慈善信托""家族信托+慈善信托"等方式，在助力慈善组织拓展企业和高收入客户资源方面发挥更大价值。另一方面是深化慈善项目实施领域的合作。近年来，信托公司积极发挥金融机构优势，创新慈善信托财产运用模式，产生了许多具有信托特色的优秀慈善项目，为慈善组织开展慈善活动带来不少启发。双方加强慈善项目合作，有助于提升慈善项目的慈善效果和持续运行能力。

（四）多方合力共促慈善信托高质量发展的生态圈将逐步形成

随着慈善信托的宣传推广和深入实践，社会各界充分肯定慈善信托在推动我国公益慈善事业发展中的独特作用。展望2023年，各方将继续合力共同促进慈善信托高质量发展。政府和监管机构将加强政策引领和监管引领，大力推动慈善信托发展，持续推动慈善信托支持政策落地。银行、证券公司等金融机构将更加重视社会效益与经济效益的同向而行，加强"金融+慈善"品牌建设，深化慈善组织、信托公司合作，将慈善信托作为自身开展公益慈善活动的重要途径和丰富客户综合金融服务的重要内容。以律师事务所为代表的专业中介机构将继续作为慈善信托主要监察人，为慈善信托目的实现和规范发展保驾护航，并积极引导自身客户参与慈善信托。

三、促进慈善信托发展的建议

（一）鼓励慈善信托业务创新

创新是推动慈善信托高质量发展的重要力量。可以从以下几个方面鼓励慈善信托持续开展创新探索。一是在扩大慈善财产来源领域鼓励创新。加强慈善信托与金融机构财富管理业务的协同，发挥"慈善+金融"的联合优势，挖掘金融机构财富管理业务中客户的公益慈善需求，探索慈善信托与家族信托联动机制，持续扩大慈善信托财产来源渠道。二是在慈善信托财产运用方式上鼓励创新，引导慈善信托受托人在扩大受益人范围、强化受益人保障、提升慈善财产运用持续能力等方面加强探索。三是在慈善信托管理模式上鼓励创新，支持慈善信托受托人运用金融科技手段，提升慈善信托管理效率，加强资金使用过程追踪和效果跟踪。四是在慈善财产规模扩大上鼓励创新。追加信托财产是扩大慈善信托财产规模、实现慈善信托可持续发展的重要途径。可以借鉴国外慈善信托财产追加经验，简化慈善信托财产追加程序和变更备案程序，为委托人或财产贡献人增加慈善信托财产提供更加便利的服务。

（二）提升慈善信托社会影响

慈善信托满足了不同财产规模、不同性质主体开展慈善活动的需求。为进一步发挥慈善信托在我国公益慈善事业发展中的功能优势，应努力提升慈善信托社会影响力，让更多的社会公众了解慈善信托，运用慈善信托开展慈善活动。一是进一步加强慈善信托推广，以慈善法修订为契机，普及信托法、慈善法、慈善信托管理办法等相关法律法规，宣传慈善信托文化和优秀的慈善信托案例，让更多群众了解慈善信托在满足个性化慈善需求方面的功能优势。二是继续鼓励慈善信托基层化发展，让更多基层慈善组织、基层民政部门备案慈善信托，扩大慈善信托受益人群体，提升群众从慈善信托中的获得感，发挥慈善信托在助力社区慈善事业、完善基层社会治理中的积极作用。三是完善慈善信托褒奖制度，对慈善效果良好、社会效益明显、推广价值显著、在特定领域作出突出贡献的慈善信托进行表彰，引导和鼓励企业与个人设立慈善信托，增强社会公众对慈善信托的信任度。

（三）进一步完善慈善信托业务监管体系

有效的监督管理是慈善信托行稳致远的重要保障。随着慈善信托的推广以及基层化发展的深入，应进一步完善慈善信托监管体系建设。一是要加强慈善信托备案指导，统一各地慈善信托备案标准和设立要求，对常见备案问题进行解释说明。二是要加强对慈善信托运行管理评估，特别是慈善信托规范管理、年度慈善支出、慈善效果等方面的评估，保障慈善信托目的的实现。三是要强化慈善信托信息披露，出台慈善信托信息公开、关联交易、会计处理等相关规定，建立慈善信托分级管理和分级信息披露机制，统一慈善信托年度报告披露内容。加强对备案机关和受托人在全国慈善信息公开平台上进行信息披露的监督，提升慈善信托信息披露质量。

（四）健全慈善信托税收优惠政策和信托财产登记制度

随着慈善信托数量和规模的持续增长，慈善信托参与各方对税收优惠政策的需求更加迫切。以股权、房产等非货币性财产设立慈善信托，更需要税收优惠政策的支持。本次《中华人民共和国慈善法（修订草案）》明确了"国家对慈善事业实施税收优惠政策，鼓励引导自然人、法人和其他组织积极参与慈善事业"。因此，建议比照慈善捐赠的税收优惠政策，并充分考虑慈善信托本身的特殊性，给予慈善信托税收优惠待遇。优先解决设立环节委托人出资财产的所得税税前扣除需求，对慈善信托进行"税前扣除资格"认定，明确应当符合的条件和办理程序。加强慈善信托监督管理和效果评估，防范税收优惠政策滥用。逐步完善以非货币性财产设立慈善信托涉及的印花税、增值税、土地增值税、契税等税收优惠政策。同时，以股权、房产等非货币性财产设立慈善信托，还需要信托财产登记制度相配合。对以股权、房产设立慈善信托的，可比照慈善捐赠的财产非交易过户政策办理财产转移，并制定慈善信托财产登记制度规范，明确登记内容，明示受托人身份以及受托人处分信托财产的权利和限制，从而更好地体现信托财产的独立性，达到信托财产登记的公示目的。

中国慈善信托
发展报告
2022

— 第二部分 —

课题报告

课题总负责　蔡概还

课题组成员

和晋予　沈苗妙	中诚信托有限责任公司
陈　进　孙新宝	百瑞信托有限责任公司
高　雅	北京国际信托有限公司
应汇康	杭州工商信托股份有限公司
郭明莉	华鑫国际信托有限公司
李元龙	万向信托股份公司
李　佳　张　鹏	北京市中盛律师事务所

引言　慈善信托与共同富裕

随着我国开启全面建设社会主义现代化国家新征程，国家将促进全体人民共同富裕摆在了更加重要的位置。党的十九大报告提出到本世纪中叶"全体人民共同富裕基本实现"的宏伟目标；党的十九届五中全会进一步提出共同富裕的阶段性目标，即到 2035 年，"人民生活更加美好，人的全面发展、全体人民共同富裕取得更为明显的实质性进展"；2021 年，《中共中央国务院关于支持浙江高质量发展建设共同富裕示范区的意见》发布，为全国推动共同富裕提供省域范例；党的二十大报告进一步提出，"中国式现代化是全体人民共同富裕的现代化。共同富裕是中国特色社会主义的本质要求"。这些重要部署显示我国正在加速推进共同富裕。

为扎实推进共同富裕，党的十九届四中和五中全会均提出，"重视发挥第三次分配作用，发展慈善等社会公益事业"。

2021 年中央财经委员会第十次会议提出，"在高质量发展中促进共同富裕，正确处理效率和公平的关系，构建初次分配、再分配、三次分配协调配套的基础性制度安排。"党的二十大报告进一步指出，"分配制度是促进共同富裕的基础性制度……引导、支持有意愿有能力的企业、社会组织和个人积极参与公益慈善事业"。随着我国社会经济发展和人民收入水平提升，以公益慈善事业为主体的三次分配在推进共同富裕中的作用将越来越显著。

慈善信托是我国公益慈善事业的重要组成部分，也是三次分配的重要新生力量。2016 年 9 月 1 日《中华人民共和国慈善法》推出慈善信托这一新型慈善方式，慈善组织、信托公司均可担任慈善信托的受托人。与其他慈善方式相似，慈善信托以慈善为目的，信托财产和收益应全部用于公益慈善事业。慈善信托也有其自身特点和优势。与传统慈善方式相比，慈善信托运用信托制度开展慈善活动，具有安全、灵活、高效、透明、持久、创新等制度优势，其设立程序简便高效，结构设计充分自由，信托财产受到特别保护，信托管理受到多重监督，可以满足委托人的个性化慈善需求，因而越来越受到社会公众青睐。

慈善法实施以来，我国慈善信托实现快速发展。根据慈善中国网站统计，截至 2022 年 8 月底，我国累计备案慈善信托934 单，备案规模达到 42.5 亿元，备案地区覆盖全国 28 个省、自治区和直辖市，参与主体队伍持续扩大，在助力解决贫困问题、缩小收入差距、发展科教文卫等社会事业，促进我国公益慈善事业健康发展中作出了积极贡献。特别是 2020 年以来，慈善信托宣传普及力度明显加强，纵深化、基层化发展趋势显现，每年备案的慈善信托数量均超过 200 单，慈善信托已逐步"飞入寻常百姓家"。

在推进共同富裕道路上，应积极发挥慈善信托制度优势。信托公司和慈善组织要通过慈善信托业务凝聚社会各界力量，拓宽慈善财产来源，精准对接慈善需求；要重点关注地区差距、城乡差距、收入差距等问题，引导社会大众将资源投放至共同富裕的薄弱环节；要因地制宜、创新慈善帮扶模式，建立长效帮扶机制，提升持续帮扶效果。相关部门也应完善慈善信托税收、登记等配套政策，完善慈善褒奖制度，形成全社会支持慈善信托发展的良好氛围，更好发挥慈善信托在助力共同富裕中的积极作用。

本报告主要内容包括六个部分：一是介绍慈善信托的基本原理与发展现状；二是分析慈善信托财产的归属与法律性质；三是慈善信托相对慈善捐赠的比较优势；四是阐述慈善信托助

力共同富裕的主要路径；五是展示慈善信托助力共同富裕的案例；六是提出更好发挥慈善信托优势助力共同富裕的政策建议。本报告力求简明扼要，突出主要逻辑和重点事实，以展现慈善信托助力共同富裕的价值、成绩以及未来空间。

发展慈善信托　助力共同富裕

一、慈善信托的基本原理与发展现状

（一）境外慈善信托的原理与发展情况

1. 英国慈善信托的原理与发展情况

慈善信托最早起源于 13 世纪英国的慈善用益制度，带有浓厚的宗教色彩，而后才慢慢扩展到生活中。1601 年英国颁布《慈善用益法》，明确了慈善公益范围，构建了慈善资金募集体系和监管机制，为此后数百年的慈善信托发展奠定了基础。

英国法律对慈善信托的定义是为遵循慈善目的而持有财产的一种信托法律形式，需要在慈善信托委员会登记，同时符合法定的慈善范围，具有绝对的公益性质。英国在慈善信托的司法实践和立法中，形成了独特的判例法和成文法并行的法律体系。在判例法中，法院强调慈善信托受益人的公众性，以及受益人和委托人不存在私人关联性。在成文法下，英国 2006 年《慈善法》对慈善目的和公共利益给予了详细规定，明确慈善目的包括救助贫困、教育、宗教、医疗健康、公民和社区发展、艺术、文化、遗迹、科学、业余体育、维护人权促进平等、环境与动物保护、提升军队、救援服务，以及公益慈善事业。慈善委员会审核信托满足慈善目的、符合公共利益和绝对公益性等条件后，即可予以确认慈善信托的法律地位。

总体来看，英国慈善信托有以下几方面特点：

一是统一的监管机构。1853 年英国国会颁布《慈善信托法》，正式成立慈善委员会，作为慈善信托的统一监管机构，负责慈善信托的登记、问责、监管、支持和强制执行。

二是完善的法律制度体系。目前，英国慈善信托法律已形成从活动主体、登记制度、税收制度，到监管机构的全覆盖体系，使得慈善信托在设立、备案、投资运作、信息披露、利益拨付、终止等各个环节都有可靠的法律依据，有效保障了慈善信托的健康、可持续发展。

三是近似原则的运用。近似原则是英国慈善信托领域最为灵活的制度安排，保障了当慈善信托不能按委托人目的实现时，法官借助有限自由裁量权，寻求与委托人最为相近的慈善目的，使慈善信托得以存续。近似原则在英国慈善信托几百年的发展过程中形成了一系列具有可操作性的裁判规则与体系，实现了公权有限度介入私权，私益兼顾公益的匹配。

2. 美国慈善信托的原理与发展情况

随着《慈善用益法》在英国殖民时期传入美国，美国慈善信托兴起。早期美国慈善信托主要侧重服务社区事务和增进地区整体繁荣，并未得到重视。20 世纪 50 年代以后，随着美国经济社会的发展和本土需求的变化，美国慈善信托相关法律法规经历不断完善和修订，慈善信托也对美国慈善事业的发展产生了深远影响。1954 年，美国颁布《统一慈善信托受托人监督法》，用以规范慈善组织和慈善信托行为。美国加利福尼亚州率先承认这项法案，随后其他各州也设立了多项类似法案以加强慈善组织和慈善信托的监督。1972 年，美国颁布《机构基金统一管理法》，为非营利组织设定投资标准，为慈善基金的投资运作提出指导意见。2006 年，美国颁布《统一审慎机构基金管理法》，确立了机构基金投资管理的标准，这些机构包括慈善信托和非营利性公司设立的基金。该项法案使得在制定捐赠支出决策时具有更大的灵活性，并为审慎的投资标准提供了指导。

在借鉴学习英国慈善信托制度的基础上，美国逐步建立了适用于本土的慈善信托模式，创新发展出了多样的慈善信托类型。当前美国慈善信托主要以基金会的形式存在，组织上既可以采用单纯信托的方式，也可以采取公司的形式。在具体形式上主要有三大类：一是公众信托，即对某一特定范围内的居民为了该范围内的人的利益而委托的款项进行管理和运用所产生的信托；二是公共机构信托，即由学校、医院和慈善组织等公共机构在接受捐款以后，将款项委托给信托机构进行合理有效的管理，以提高资金使用效率；三是利益分成慈善信托，委托人在设立慈善信托时事先约定将信托财产中的一部分用于公益慈善活动，另一部分用于分配给指定受益人。根据信托财产在公益慈善活动和私益受益人之间分配顺序的不同，又细分为收入集合基金信托、慈善余额信托、慈善首享信托等。将公益慈善活动和私益受益人进行有效的结合，这是美国慈善信托最显著的特点。

3. 日本公益信托的原理与发展情况

日本信托制度是从美国引进的，也是大陆法系国家中引入信托理念较早的国家。早在 1922 年，日本颁布《信托法》，就对公益信托进行了定义：公益信托是为了实现公益目的而设定的信托，是为了追求广泛社会全体的利益或不特定多数人利益而设定的信托，具体而言即为祭祀、宗教、慈善、学术、技艺及其他公益目的设立的信托。此后由于多种原因，公益信托发展并不顺遂，直到 20 世纪 70 年代公益法人屡屡发生违规事件，公益信托的发展研究才重新进入日本大众视野。1977 年，日本首单公益信托推出。此后，日本借鉴西方经验，不断完善公益信托设立、运行、监管等环节法律法规，民众对公益信托认识也逐步加深，公益信托步入发展正轨。2006 年日本出台新版《信托法》，为公益信托发展奠定法律基础。2015 年日本政府进一步推动公益信托改革，在设立流程和税收优惠方面给予了更多的政策倾斜，扩充了公益信托项目的执行方式，鼓励更多的机构参与慈善事业。

日本政府设立了对公益事业具有管辖权的主管机构，在公益信托设立环节实施审批制，受托人要先向政府主管部门提交公益信托设置说明书、公益信托合同、公益信托经营计划等材料，主管部门对公益信托进行审批。日本还设立了运营委员会，主要职责为对受益人进行筛选，对公益项目的执行提出建议和意见，保障公益利益的顺利执行。在信托财产投资运作方面，日本公益信托秉持"安全稳妥"原则，对投资范围限定较窄，禁止以资金设立的公益信托直接投资于股票市场。在信息披露方面，日本公益信托主要向审批的主管机关定期出具信托财产运行报告，由主管机关负责审核再通过官网向公众披露，力求做到公开透明。截至 2021 年 3 月末，日本银行作为受托人的公益信托存续项目共计 393 单，信托财产余额为 575 亿日元。受托目的排名前三的为奖学金支付、教育振兴和社会福祉。

（二）我国慈善信托的概念与基本特征

慈善信托是社会公众参与慈善事业的重要方式，也是发挥慈善第三次分配作用、推动共同富裕的重要途径。2016 年 3 月 16 日，《中华人民共和国慈善法》正式公布，并于 2016 年 9 月 1 日起实施，其中第五章专门对慈善信托进行了规定，由此慈善信托进入大众视野。2017 年 7 月 26 日，银监会、民政部联合印发《慈善信托管理办法》，对慈善信托的设立、备案、财产的管理和处分、变更和终止、促进措施、监督管理和信息公开、法律责任进行了全面系统的规定，为规范慈善信托业务、促进慈善事业发展保驾护航。

根据慈善法规定，慈善信托属于公益信托，是指委托人基于慈善目的[①]，依法将其财产委托给受托人，由受托人按照委

---

① 即包括（1）扶贫、济困；（2）扶老、救孤、恤病、助残、优抚；（3）救助自然灾害、事故灾难和公共卫生事件等突发事件造成的损害；（4）促进教育、科学、文化、卫生、体育等事业的发展；（5）防治污染和其他公害，保护和改善生态环境；（6）符合慈善法规定的其他公益活动。

托人意愿以受托人名义进行管理和处分，开展慈善活动的行为。慈善信托是在慈善事业中运用信托制度的产物，具有以下几个基本特征：

一是慈善信托的信托目的必须符合慈善法第三条规定的慈善活动范围；二是慈善信托的受益人是非特定的，慈善信托的委托人不得指定或者变相指定与委托人或受托人具有利害关系的人作为受益人；三是慈善信托的受托人，可由慈善组织或信托公司担任，也可以设置两个或两个以上受托人，同时根据慈善信托委托人需要，可以确定监察人；四是慈善信托需要向民政部门备案；五是慈善信托财产及其收益，应当全部用于慈善目的，以确保慈善信托目的的纯粹性和排他性。

慈善信托在缩小收入差距、推进共同富裕方面具有多方面优势：一是设立简便。慈善信托不受资金门槛限制，运营成本低，委托人与受托人签订合同并在民政部门备案完毕后，慈善信托即宣告成立。二是可以实现慈善账户的财产安全和风险隔离，更精准高效支持共同富裕各项事业。三是能够实现慈善财产来源渠道创新，信托公司担任受托人的，可利用自身作为金融执牌机构在客户资源上的优势，更好撬动社会资本以多种形式助力乡村振兴和共同富裕。四是能够提供慈善财产专业化管理与服务，实现保值增值与合规透明运作，切实扩大投入共同富裕各项事业的资金量。五是能够赋予委托人更多参与权和决策权，更好监督慈善财产的管理使用，增强透明度和公信力，提高社会各界对投身公益事业的热情。

（三）我国慈善信托发展的总体情况

慈善法颁布以来，信托公司和慈善组织纷纷将慈善信托作为服务共同富裕、践行社会责任的重要方式，积极探索实践，逐步进入规范化运营、特色化发展阶段，努力服务人民美好生活，发挥第三次分配积极作用和重要社会价值。当前慈善信托在备案数量及规模、慈善目的覆盖面、参与方多元化、慈善项目运作管理等方面都有了新的发展成果，在救灾、扶贫济困、助学、乡村振兴、环境保护、绿色发展等领域的作用逐步显现，社会认知度也得到了显著提升。

1. 备案规模稳步增长

根据慈善中国披露数据，截至 2022 年 8 月底，我国累计备案慈善信托 934 单，备案规模达到 42.5 亿元，备案地区覆盖全国 28 个省、自治区和直辖市，参与主体队伍持续扩大，涉及地域不断扩大。

2. 参与主体更加多元

从受托人分布来看，截至 2022 年 8 月末，累计已有 145 家

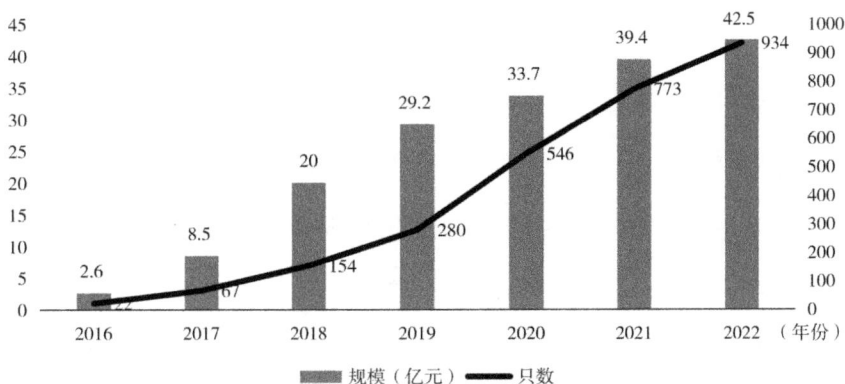

图 1　我国慈善信托累计备案规模和数量（截至 2022 年 8 月底）

数据来源：中国慈善联合会《2021 年中国慈善信托发展报告》、慈善中国。

机构担任受托人开展慈善信托业务，其中信托公司 63 家、慈善组织 82 家。信托公司受托人备案的信托规模和数量占比较高，慈善组织受托人队伍增长较快，2021 年以来，浙江、广东等东部省份的区县级慈善组织纷纷开展了与信托公司共同受托的尝试。从委托人分布来看，个人、企业、慈善组织是慈善信托委托人的主要类型。截至 2022 年 8 月末，企业作为委托人的慈善信托累计备案数量最多，达 297 单，占比 31.80%；慈善组织作为委托人的慈善信托累计备案规模最高，达 14.91 亿元，占比 35.07%；个人作为委托人的慈善信托数量持续增加，累计 121 单，规模 8.31 亿元，越来越多高净值人群通过慈善信托为我国慈善事业发展贡献了坚实力量。

3. 慈善目的更为多样

慈善信托聚焦重点领域，通过助力脱贫攻坚、乡村振兴等方式改善落后地区的生产力，提高人民群众的生活水平。据统计，2016—2021 年备案的慈善信托中以扶贫济困为目的的慈善信托占比达 55.8%[①]；资助教育发展、培养各类人才、吸引人才归哺反流、助力社会教育公平发展，2016—2021 年备案的慈善信托中与教育资助相关的占比为 50.3%；关注医疗健康、养老助老，助力完善医疗保障体系建设，为贫困、孤寡、空巢老人提供养老保障，提高老年人幸福感，助力老年人实现老有所依、老有所养，2016—2021 年备案的慈善信托中与医疗健康与养老助老相关的占比合计为 30.0%。

4. 共同富裕背景下发展潜力巨大

党的二十大报告为我国慈善事业的发展提供了根本遵循。报告明确指出，"构建初次分配、再分配、第三次分配协调配套的制度体系"，"引导、支持有意愿有能力的企业、社会组织和个人积极参与公益慈善事业"，"健全覆盖全民、统筹城乡、公平统一、安全规范、可持续的多层次社会保障体系"，"建设人人有责、人人尽责、人人享有的社会治理共同体"等，为慈

---

① 数据源于笔者对中国慈善联合会慈善信托委员会的数据统计。信托目的中明确提到某一个或多个特定领域，只认定其提到的特定目的为信托关注领域；信托目的中未提及任何特定领域，认定信托关注慈善法中所提到的所有领域。

善事业、也为慈善信托发展提供了新的行动指南。未来，预计有两类慈善信托呈现出较强的发展潜力。一是大额"诺贝尔"式慈善信托，承接家族财富顶层人士和企业的大额捐赠，为财富顶层人士改善企业与社会关系提供公益金融融合式服务；二是小额"收益捐赠型"慈善信托，助推社会中间阶层以财富增值部分参与公益。此外，信托公司和社会慈善组织共同担任受托人的双受托人模式预计也将成为慈善信托发展主流。企业、自然人与慈善组织在传统公益领域曾结下相对牢固的合作关系。如今，随着慈善信托的兴起发展，三者向新的公益慈善领域拓展以巩固提升合作关系的效应亦将不断显现。

二、慈善信托财产的归属与法律性质

慈善信托作为信托的一种类型，既适用《中华人民共和国信托法》一般规定，又遵循自身特殊规则，其制度核心是慈善信托财产的绝对慈善性。

（一）信托财产的所有权归属分析

1. 信托受益权性质对物权原则的冲击

一物上不成立相冲突的数个物权被称为"一物一权"原

则，典型如一物不得同时存在两个所有权。该原则是大陆法系物权法基本原则，德国鲍尔、施蒂尔纳称之为特定原则，我国台湾地区王泽鉴先生概括为特定客体原则①。而英美法系下，形成了受托人享有普通法上之名义所有权与受益人享有衡平法上之实质所有权的"双重所有权制度"。作为信托制度的基石，"双重所有权制度"与大陆法系坚持的财产权唯一性之间产生了激烈冲突，也成为大陆法系移植信托制度最大的障碍。

尽管上述矛盾尚未解决，但 1985 年第 15 届国际私法大会通过了《关于信托的承认及其适用法律的公约》（《国际信托公约》），试图为大陆法系引入信托制度、制定信托法提供一个基本框架。根据《国际信托公约》第二条对信托的定义，并未试图对受益权权利性质作出解释，而是描述为信托财产"为受益人的利益或为了特定目的而置于受托人的控制之下"②。

《中华人民共和国民法典》没有明确规定"一物一权"原则，但从其关于物权的整体规范体系看，确定采纳了该原则，

① 楼建波. 信托财产关系与物权法原则的冲突 [J]. 交大法学，2019（2）.
② 《关于信托的承认及其适用法律的公约》（摘自"北大法宝"）第二条：在本公约中，当财产为受益人的利益或为了特定目的而置于受托人的控制之下时，"信托"这一术语系指财产授予人设定的在其生前或身后发生效力的法律关系。

信托具有下列特点：（一）该项财产为独立的资金，而不是受托人自己财产的一部分；（二）以受托人名义或以代表受托人的另一个人的名义握有信托财产；（三）受托人有根据信托的条件和法律所加予他的特殊职责，管理、使用或处分财产的权利和应尽的义务。

财产授予人保留某些权利和权力以及受托人本身得享有作为受益人的权利这一事实，并不一定与信托的存在相矛盾。

最明显的标志是其第一百一十四条。① 单从我国对信托的定义看，信托法亦没有对受益权性质作正面回答，而采用类似《国际信托公约》的方式作模糊化处理，其第二条规定信托设立以财产权"委托给"受托人为基础②。对此，信托法起草组成员曾明确表示，立法过程中将原有条文中的"转移给"修改为"委托给"，是为了避免与我国民法"一物一权"的所有权制度相冲突而采取的协调做法③。所以立法者更倾向认为，信托存续期间信托财产归受托人"所有"。

2. 信托财产所有权的特殊性

我国法律制度不同于英美法系与大陆法系，不妨搁置两大法系"双重所有权"与"一物一权"原则的冲突，从我国目前法律体系解释信托财产所有权的特殊性。民法典第二百四十条规定，"所有权人对自己的不动产或者动产，依法享有占有、使用、收益和处分的权利"。而信托法第四十三条规定，"受益人是在信托中享有信托受益权的人"。可见，受托人的"所有"与民法上的"所有权"存在差异，即受托人并不享有民

---

① 李永军. 论我国《民法典》物权编规范体系中的客体特定原则［J］. 政治与法律，2021（4）.

② 《中华人民共和国信托法》第二条：本法所称信托，是指委托人基于对受托人的信任，将其财产权委托给受托人，由受托人按委托人的意愿以自己的名义，为受益人的利益或者特定目的，进行管理或者处分的行为。

③ 周小明. 信托制度：法理与实务［M］. 北京：中国法制出版社，2012：41.

法上"所有权"的完整权利。

这种特殊安排正是信托对我国传统民法制度的创新,不论委托人将其财产权"委托给"受托人后如何定义受益权性质,受托人形式上享有以自己名义管理、处分信托财产的权利。实际上,创设受托人之于信托财产的权利和受益人的受益权等新型权利,虽有别于物权、债权等民事基本权利,但并不违反民法典,按照民法典第一百二十六条之规定,民事主体享有法律规定的其他民事权利和利益。正如有学者所说:"受益人的权益看成独特的东西,而不是强行把它归入某一类中,因为不管归入哪一类,似乎都不恰当。"①

3. 信托财产的独立性

信托财产独立性是整个信托制度的灵魂。委托人的财产权委托给受托人,信托生效后,信托财产自身也变得极为特殊。尽管信托法第二十五条规定受托人为受益人的最大利益处理信托事务,但信托财产作为一项独立运作的财产,仅服从于信托目的。根据信托法第十五条,信托财产与委托人未设立信托的其他财产相区别;根据信托法第十六条,信托财产与属于受托人所有的财产相区别;根据信托法第四十七条,信托财产独立于受益人的固有财产;根据信托法第三十七条,只要受托人尽

① 何宝玉. 信托法原理与判例 [M]. 北京:中国法制出版社,2013:47.

职管理信托财产，信托财产的全部损益由信托财产承担。从这个意义上讲，受益人的受益权实质上并非直接针对信托财产，而是对信托利益的请求权。

从所有权具体权能看，信托财产所有权的特殊性与信托财产的独立性相辅相成，信托制度通过精密的安排将收益从所有权权能中分离，最终实现信托目的。故抛开术语枷锁，有学者认为，"英美信托制度中受托人享有对信托财产管理、处分的权利和受益人享有的最终受益权与大陆法系'一物一权'原则旨在保障实现的一物之上所有权各具体权能唯一性与独立性的要求并不冲突。"[①]

综上，我国信托法上委托人转移给受托人其财产权，信托有效设立后，信托财产仅服从于信托目的并独立运作，信托财产归受托人"所有"，但受益人享有收益并拥有信托利益请求权。

（二）慈善信托财产的社会公共属性

作为信托的一种类型，慈善信托适用信托法一般规定，[②]

---

① 甘培忠，马丽艳. 以独立性为视角再论信托财产的所有权归属 [J]. 清华法学，2021（5）.

② 严格来讲，慈善信托属于公益信托，但根据监管部门 2022 年 4 月发布的《关于调整信托业务分类有关事项的通知（征求意见稿）》并未对二者进行区分，为论述方便，本文亦不作区分。

慈善信托财产仅服从于信托法第六十条列举的 7 项公共利益目的,① 同时其第六十三条以及《慈善信托管理办法》第二十三条均强调了信托财产及其收益,应当全部用于慈善目的,不得用于非公益目的。如果将信托财产及其收益用于非慈善目的的,受托人及直接负责的主管人员和其他直接责任人员将面临行政处罚②。

以上规定决定了慈善信托财产社会公共属性和使用的公益属性,排除了私人利益的可能性,具有绝对慈善性,这是慈善信托的制度核心,也是区别于其他信托类型最典型的特征。对慈善信托财产本身而言,其社会公共属性使其独立于委托人、受托人、受益人及监察人的财产,也不属于政府财产。

1. 慈善信托财产不等同于社会公共财产

慈善信托财产的社会公共属性来源于《中华人民共和国公益事业捐赠法》第七条规定,公益性社会团体受赠的财产及其

---

① 准确来说,《中华人民共和国信托法》上公共利益目的涵盖范围包括列举的 6 项具体公共利益目的和第 7 项兜底条款。《中华人民共和国信托法》第六十条:为了下列公共利益目的之一而设立的信托,属于公益信托:(一)救济贫困;(二)救助灾民;(三)扶助残疾人;(四)发展教育、科技、文化、艺术、体育事业;(五)发展医疗卫生事业;(六)发展环境保护事业,维护生态环境;(七)发展其他社会公益事业。

② 《中华人民共和国慈善法》第一百零五条:慈善信托的受托人有下列情形之一的,由民政部门予以警告,责令限期改正;有违法所得的,由民政部门予以没收;对直接负责的主管人员和其他直接责任人员处二万元以上二十万元以下罚款:(一)将信托财产及其收益用于非慈善目的的;(二)未按照规定将信托事务处理情况及财务状况向民政部门报告或者向社会公开的。

增值为社会公共财产。一方面，根据慈善法第六章慈善财产的定义，慈善信托财产属于慈善法第五十一条规定的慈善组织的财产;[①] 另一方面，根据信托法第五十九条和慈善法第五十条，慈善信托同样适用信托财产之独立性规定，慈善信托财产仅服从于慈善目的并独立运作，形式上由受托人"所有"，所以慈善信托财产仅具有社会公共属性，而不等同于社会公共财产。

2. 慈善信托财产独立于委托人、受托人，慈善信托利益归属于不特定社会公众

（1）慈善信托设立后，信托财产不再属于委托人

慈善信托委托人将其财产交付给受托人时，随即丧失对该财产的所有权，包括占有、使用、收益和处分该财产的权利，同时根据信托法第五十九条该财产将成为信托财产，不再属于委托人，且不得返还。尽管《慈善信托管理办法》第三十七条、第三十八条列举了委托人在特殊情况下可对慈善信托部分事项进行变更，但所列变更事项不及于慈善信托财产本身，其目的仅在于保障慈善信托稳定运行，实现最终慈善目的。另外，《慈善信托管理办法》第二十六条和《中华人民共和国慈

---

① 《中华人民共和国慈善法》第五十一条规定，慈善组织的财产包括：（一）发起人捐赠、资助的创始财产；（二）募集的财产；（三）其他合法财产。虽然《中华人民共和国慈善法》关于"慈善财产"的主要规范内容是"慈善组织的财产"，但慈善信托财产属于慈善财产并不存在争议。实操中，为解决捐赠发票问题，广泛存在捐赠人先将财产捐赠给慈善组织，再由慈善组织以此作为信托财产设立慈善信托的模式。

善法》第五十二条禁止任何组织和个人私分、挪用、截留或者侵占慈善信托财产，防止包括委托人在内的任何主体通过慈善信托获取不当利益。

（2）慈善信托运行期间，信托财产独立丁受托人

慈善信托设立后，根据《慈善信托管理办法》第九条和《中华人民共和国慈善法》第四十六条，不论信托公司还是慈善组织担任受托人，慈善信托财产均应独立于受托人的固有财产，也独立于受托人管理的其他信托财产。实践中，慈善组织与信托公司共同担任受托人时，无论承担主要受托管理责任还是次要受托管理责任，同样应遵守信托财产独立性原则。受托人对慈善信托财产仅拥有名义上的所有权。受托人以自己名义对慈善信托财产进行管理和处分，应当服从信托目的和信托文件约定。

（3）慈善信托的信托利益归属于符合信托目的的不特定社会公众

慈善信托财产不属于受益人、监察人，慈善信托的信托利益归属于不特定社会公众。第一，从受益人与委托人的关系看，与资产管理信托不同，慈善信托受益人与委托人不是同一人，且委托人不得指定或者变相指定与委托人或受托人具有利害关系的人作为受益人。第二，从法律规定上看，信托法第九

条规定信托设立时受益人须为某个或某些确定的主体，但慈善信托不同，根据《慈善信托管理办法》第十四条，慈善信托文件应当载明的是"受益人范围及选定的程序和方法"，也就意味着为实现慈善信托目的，慈善信托设立时不得确定受益人，所以慈善信托的信托利益最终归不特定的社会公众所有。这一特点恰恰体现了慈善信托的公益性，如果受益人在慈善信托设立时即存在，将违背慈善目的。第三，从受益人的法律地位上看，虽然最终会有主体获得信托利益，但该主体并不具有信托法上受益人的法律地位，不享有信托法第四十九条赋予的知情权、要求受托人调整管理方法、申请撤销受托人处分行为等权利。

基于慈善信托以上特点，信托法第六十五条规定，当受益人利益受到侵害时，无法由不确定的受益人采取救济措施，而是通过设立监察人并以其自己名义提起诉讼或实施其他法律行为。所以，受益人不可能强制执行慈善信托财产，慈善信托财产不属于受益人。对于监察人而言，尽管作为受益人代表，存在取得利益的可能，但不等于享有信托利益，该利益应当根据信托法第二十二条归入慈善信托财产，故慈善信托财产同样不属于监察人。

3. 慈善信托财产不属于政府财产

慈善信托另一重要特点是根据信托法第七十二条之规定适

用近似原则,[①] 大陆法系称为"公益信托的继承性"。民法典出台前,《中华人民共和国继承法》第三十二条规定,无人继承又无人受遗赠的遗产,归国家或集体所有制组织所有。民法典第一千一百六十条修改为无人继承又无人受遗赠的遗产归国有,并用于公益事业或者归集体所有,由集体处理[②]。信托法对此作出了重大突破,即慈善信托终止,慈善信托财产既不归于国有亦不归于集体,而是由受托人将慈善信托财产用于近似目的,或转移给具有近似目的的公益组织或其他公益信托,理论上慈善信托得以永续。

近似原则适用的前提是"没有信托财产权利归属人或者信托财产权利归属人是不特定的社会公众的",那是否意味着委托人在设立信托时进行约定,慈善信托剩余财产归己或其他特定主体?显然不可以,理由一是《中华人民共和国信托法》《慈善信托管理办法》规定,慈善信托财产及收益不得用于非公益目的;理由二是在公益信托领域,在委托人交付信托财产时,法律上推定委托人具有将信托财产永久用于公益事业的意

---

① 《中华人民共和国信托法》第七十二条:公益信托终止,没有信托财产权利归属人或者信托财产权利归属人是不特定的社会公众的,经公益事业管理机构批准,受托人应当将信托财产用于与原公益目的相近似的目的,或者将信托财产转移给具有近似目的的公益组织或者其他公益信托。

② 《中华人民共和国民法典》第一千一百六十条:无人继承又无人受遗赠的遗产,归国家所有,用于公益事业;死者生前是集体所有制组织成员的,归所在集体所有制组织所有。

思表示。信托法规定"没有信托财产权利归属人"中的"归属人"应当解释为"公益组织或公益信托受托人",而不是指受益人。

(三) 慈善信托财产运用的公益属性

慈善信托财产的社会公共属性决定了受托人运用财产的公益属性,慈善组织或信托公司应当恪尽职守履行受托人职责,遵循慈善信托财产独立性原则,履行公开披露义务,接受委托人、监察人、政府部门和社会大众监督,合法、安全、有效地运用慈善信托财产。

1. 慈善信托运行具有多重监督机制

慈善信托独特的制度架构在透明度、公信力方面具有天然优势,慈善信托内部受委托人、监察人监督,慈善信托外部受市场监管、社会监督,共同构成事前、事中、事后全方位监督机制。

(1) 慈善信托内部监督机制

根据慈善法第四十八条,为实现委托人设立慈善信托的慈善目的,委托人享有知情权。[①] 实务中,慈善信托往往通过设

---

① 《中华人民共和国慈善法》第四十八条第二款:慈善信托的受托人应当根据信托文件和委托人的要求,及时向委托人报告信托事务处理情况、信托财产管理使用情况。

立慈善信托决策委员会等内部组织，实现委托人深度参与慈善信托运作，进一步保障慈善目的的实现。慈善信托决策委员会主要是便于委托人和受托人协商确定受益人选定的程序和方法，以北京市民政局发布的《北京市慈善信托合同示范文本》为例，委员会成员可由委托人或其代表、受托人代表、慈善或者信托等领域专业人士组成，且监察人可列席相关会议，具体包括慈善信托决策委员会的产生、职责、议事规则等内容。

根据《慈善信托管理办法》第十一条和《中华人民共和国慈善法》第四十九条，慈善信托监察人由委托人选任，对受托人的行为进行监督，并"依法维护委托人和受益人的利益"。虽然较信托法第六十五条增加了维护委托人利益内容，但监察人的监督权并不来源于委托人，而是法律规定，因慈善信托财产的社会公共属性，监督权实为维护社会公共利益。其一，信托合同不得加以限制法定监督权，除了上文阐述的诉讼权利，监察人还拥有信托法第六十七条、第七十一条规定的决定是否认可信托事务处理情况及财产状况报告、清算报告的权利。另外，《北京市慈善信托管理办法》第三十五条进一步明确监督权包括查阅复制权①。其二，建立监察人制度的根本原因是慈善信托设立时受益人的不确定性，正因"受益人缺失"，最终

---

① 《北京市慈善信托管理办法》第三十五条：受托人应当妥善保存处理信托事务的完整记录，接受委托人和监察人的查阅和复制，并接受备案机关的检查。

受领信托利益的群体不享有任何决策权，甚至话语权，所以监察人作为受益人代表须维护受益人利益。

（2）慈善信托外部监督机制

根据信托法第六十二条和慈善法第四十五条，慈善信托以经民政部门备案为生效要件。慈善信托运作过程受民政部门和银保监会的双重监管，民政部门主要监督慈善信托的管理、慈善目的的实现和慈善信托财产的运用等；如果慈善信托财产为资金，因须在商业银行开立专用资金账户，或者受托人是信托公司，因慈善信托属于信托公司服务信托业务之一，均受银保监会监管。

社会公众监督方面，2017 年银监会、民政部联合印发《慈善信托管理办法》，其第三十二条、第五十六条、第五十七条明确了关联交易、慈善信托基本情况等内容，除法律另有规定外应当公开。2020 年民政部起草了《慈善信托信息公开管理办法（征求意见稿）》，拟对慈善信托信息公开的内容、平台、时限和监管作进一步细化，继续提高慈善信托公信力。

2. 慈善信托财产运用应遵循合法、安全、有效原则

慈善财产因具有社会公共属性，慈善财产的投资活动受到较为严格的监管。如《慈善组织保值增值投资活动管理暂行办法》要求"慈善组织开展投资活动应当遵循合法、安全、有效

的原则"，并明确慈善组织可以通过购买金融机构资管产品、
委托金融机构投资、开展与慈善组织的宗旨和业务范围相关的
股权投资等方式进行投资，但不得开展直接买卖股票、以投资
名义向个人或企业提供借款等八项禁止投资事项①。对慈善信
托财产投资活动也有相似规定。《慈善信托管理办法》第三十
条规定，"慈善信托财产运用应当遵循合法、安全、有效的原
则，可以运用于银行存款、政府债券、中央银行票据、金融债
券和货币市场基金等低风险资产，但委托人和信托公司另有约
定的除外。"也即，由慈善组织独立担任受托人的，慈善信托
财产只能投资于《慈善信托管理办法》列举的低风险资产；信
托公司担任受托人或受托人之一的，考虑到信托公司是受金融
监督管理部门监管的专业金融机构，允许委托人与受托人自行
约定慈善信托财产的投资范围，从而发挥信托公司专业资产管
理优势，更好实现慈善财产保值增值，但相关投资也应以合
法、安全、有效的原则为基础。可见，《慈善信托管理办法》
对于慈善财产投资运用规定的总体原则与《慈善组织保值增值
投资活动管理暂行办法》是一致的。

---

① 《慈善组织保值增值投资活动管理暂行办法》第七条：慈善组织不得进行下列
投资活动：（一）直接买卖股票；（二）直接购买商品及金融衍生品类产品；（三）投资
人身保险产品；（四）以投资名义向个人、企业提供借款；（五）不符合国家产业政策
的投资；（六）可能使本组织承担无限责任的投资；（七）违背本组织宗旨、可能损害
信誉的投资；（八）非法集资等国家法律法规禁止的其他活动。

3. 受托人不得利用慈善信托财产为自己谋取利益

受托人除依法取得信托报酬外，不得利用慈善信托财产为自己谋取利益。为了更好地管理慈善信托，有效达成公益慈善目的，慈善信托财产可用于支付实现慈善目的所需要的各类费用，比如《北京市慈善信托管理办法》第十五条规定，"信托文件应当约定慈善信托受托人和监察人的合理报酬，具体标准可参照国家相关规定。"《关于鼓励信托公司开展公益信托业务支持灾后重建工作的通知》第三条已明确，"受托人管理费和信托监察人报酬，每年度合计不得高于公益信托财产总额的千分之八"。除了受托人和监察人的合理报酬外，其他费用比如受托人因依法将慈善信托事务委托他人代理而向他人支付的报酬、固定运管成本等，不属于利用慈善信托财产为自己谋取利益。

三、慈善信托相对慈善捐赠的比较优势

慈善信托和慈善捐赠是两种并行的慈善途径和方式，都具有完全公益性，都可以实现人们参与公益慈善事业的目的。充分发挥慈善信托优势，可与慈善捐赠相互促进、相互补充，推动第三次分配，助力共同富裕。

（一）慈善信托与慈善捐赠的区别

慈善法第三十四条规定，慈善捐赠是指自然人、法人和其他组织基于慈善目的，自愿、无偿赠与财产的活动。第四十四条规定，本法所称慈善信托属于公益信托，是指委托人基于慈善目的，依法将其财产委托给受托人，由受托人按照委托人意愿以受托人名义进行管理和处分，开展慈善活动的行为。慈善捐赠和慈善信托都是慈善法认可的慈善活动开展方式，但两者在法律依据、设立方式、财产独立性、当事人权利等方面有所不同。

1. 依据法律关系不同

慈善信托遵循信托法律关系，其法律依据为信托法。信托由委托人、受托人和受益人三方当事人构成，慈善信托受益人具有不特定性，但这并不意味着慈善信托缺少受益人，只是在慈善信托的运行过程中确定受益人，所以慈善信托仍然是三方当事人形成的信托法律关系。慈善捐赠遵循合同法律关系，其法律依据为民法典第三编第十一章规定的赠与合同。赠与合同是赠与人将自己的财产无偿给予受赠人，受赠人表示接受赠与的合同，由赠与人和受赠人双方当事人构成。慈善法第三十五条规定，捐赠人可以通过慈善组织捐赠，也可以直接向受益人捐赠。

2. 设立方式不同

根据慈善法第四十五条规定，设立慈善信托、确定受托人和监察人，应当采取书面形式。慈善捐赠作为赠与行为的一种，可以采用书面或者口头或者其他形式。慈善法第三十九条规定，慈善组织接受捐赠，捐赠人要求签订书面捐赠协议的，慈善组织应当与捐赠人签订书面捐赠协议。

3. 财产独立性不同

慈善信托财产具有独立性，独立于委托人、受托人的自有财产以及受托人管理的其他信托财产。受托人对每一个信托单独记账、单独管理，如果信托财产是资金，需要在银行开立信托专户保管，可以实现有效资产隔离。在慈善捐赠中，捐赠人将财产捐赠出去后，财产所有权将完全转移给受赠人，成为受赠人的固有财产，一般无法独立于受赠人的其他捐赠财产。即便捐赠人在慈善组织设立专项基金，也无法实现与受赠人其他财产的风险隔离。

4. 委托人和捐赠人权利不同

慈善信托对于受托人的义务具有明确规定，可充分体现委托人的意愿。慈善法第四十七条规定，慈善信托的受托人违反信托义务或者难以履行职责的，委托人拥有变更受托人的权利。此外，委托人还可以选择设置信托监察人，对受托人管理运用慈善信托财产的情况进行监督，防止善款被滥用。在慈善捐赠中，捐赠人在捐赠行为发生后，对于受赠人是否按照约定使用慈善捐赠财产只拥有监督权和相对有限的制约手段。

5. 受益人范围不同

慈善信托在设立时，只对受益人的范围和筛选条件进行约定，受益人是不特定的，这是慈善信托设立的要件之一。慈善捐赠中，捐赠人可以直接向受赠人捐赠，即使通过慈善组织捐赠也可以约定受益人，只是不得指定捐赠人的利害关系人作为受益人（慈善法第四十条）。因此，区别于慈善信托受益人的不特定性，慈善捐赠的受赠人可以是不特定的，也可以是特定的。

（二）慈善信托的比较优势

相比于慈善捐赠，慈善信托具有规范性、保值增值性、安全性以及灵活性等优势，发展慈善信托可为社会公众提供一种新的选择，可调动更多的社会资源参与慈善事业的发展，引导社会资源更有效地服务于社会公共利益的需要。

1. 运作规范，多重监督，确保慈善目的实现

慈善信托的设立和运作依据《中华人民共和国信托法》《中华人民共和国慈善法》《慈善信托管理办法》等法律法规。

慈善信托的受托人应当在慈善信托文件签订之日起七日内，将相关文件向受托人所在地县级以上人民政府民政部门备案。信托公司担任慈善信托受托人时，其作为金融机构，受托行为还应接受金融监管部门监管，在设立前要逐笔向银保监局报备，设立后在当地民政部门备案，受到双重监管。慈善信托成立后，受托人应当根据信托文件和委托人的要求，及时向委托人报告信托事务处理情况、信托财产管理使用情况；每年至少一次将信托事务处理情况及财务状况向其备案的民政部门报告，并向社会公开。慈善信托还可以设置监察人，由独立的第三方对慈善信托运作进行监督。通过监管部门、监察人、保管人以及信托当事人的多方参与，全方位对慈善信托运作进行监督，以确保委托人慈善意愿实现。

2. 委托资金在信托专户管理，安全且操作方便

慈善信托的受托人，在作为保管人的商业银行开设信托专户，用于保管委托人交付的慈善资金，确保资金安全，不会被挪用乱用。受托人对每一个慈善信托都必须分别记账、分别管理，确保不同慈善信托财产之间也相互独立，不能混同。慈善资金支出上，受托人根据信托合同约定开展慈善活动时，需要向保管银行发送资金划转指令，保管人审核符合信托文件约定进行资金支付。

3. 设立简便，运营成本低，可为委托人量身定制

委托人只要有确定的财产、明确慈善目的就可以委托受托人设立慈善信托，受托人在慈善信托文件签订之日起七日内到民政部门备案即可，无须进行法人登记注册或者审批。并且对于设立慈善信托的财产规模，也没有最低规模限制。由于慈善信托不属于独立法人，一般没有自身常设机构，也没有专门的办公场所和独立的运营团队，其运营成本相对更低。此外，慈善信托能够为委托人参与慈善事业进行量身定制，并可以由委托人冠名，作为委托人专属的公益慈善品牌，提升委托人的社会声誉和社会形象。

4. 通过专业保值增值投资，实现委托资金效益最大化

慈善信托由信托公司担任受托人时，可以发挥其经营综合性和灵活性的优势，跨市场配置信托财产，提高信托财产保值增值能力。慈善信托账户内的慈善资金未分配时，可以在确保安全的基础上进行投资运作，实现投资收益，为慈善活动筹集更多善款。相比于慈善组织进行保值增值投资，慈善信托投资相对更具有灵活性，投资范围广，受到的投资限制较少。

5. 结构灵活，可以持久运作，充分实现委托人意愿

慈善信托合同条款设计依据委托人意愿，条款设置灵活，可以约定明确的存续年限，也可以约定永久存续。慈善信托没

有年度支出的强制性要求，可以在信托合同约定每年支出比例，也可以约定不用本金，每年只用收益开展慈善活动，使得永续慈善信托成为可能。当受托人不具有管理慈善信托财产的能力时，可以依法予以更换；极端情况下，当受托人破产清算时，慈善信托财产也不属于其清算财产，而是移交新受托人继续管理，不影响慈善信托的存续，可以充分实现委托人的慈善意愿。

（三）慈善信托与慈善捐赠互为补充、相互促进

慈善信托的发展需要慈善组织和信托公司密切合作。信托公司在财产管理方面具有优势，但在慈善项目来源、项目筛选、运行及评估上缺乏足够的经验。而这恰好是慈善组织的优势所在。所以慈善信托与慈善捐赠之间，信托公司和慈善组织之间，不仅是竞争关系，更是互补与合作关系。未来，"信托公司+慈善组织""慈善信托+慈善捐赠"的业务模式有望成为慈善事业开展的主流模式，推动中国慈善事业发展进入一个新的阶段，共同助力共同富裕推进。

1. 慈善捐赠+信托模式

慈善组织募捐资金，并作为委托人将募捐资金委托信托公司设立慈善信托。信托公司作为受托人管理信托财产，对信

资金进行投资运作和管理，并按信托文件约定向慈善组织确定的受益人分配慈善财产。该模式是目前信托公司与慈善组织合作开展慈善信托的主流模式。

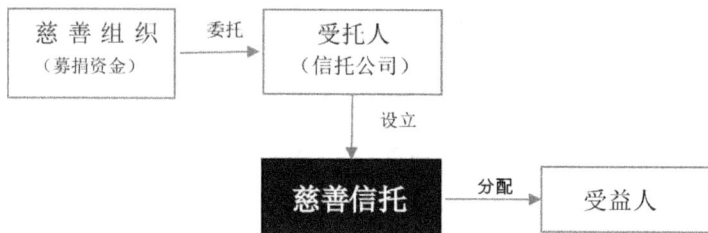

图2　慈善捐赠+信托模式

2. 慈善信托+项目执行模式

信托公司作为受托人，募集资金成立慈善信托。信托公司委托慈善组织作为项目执行人，由其确定并实施慈善项目。信托公司根据慈善项目的进展、资金使用计划向受助对象或受助活动支付资金。在该模式下，慈善组织负责项目执行，信托公司负责专业管理慈善信托资金实现增值，双方相互补充实现慈善合作专业化。

3. 信托公司和慈善组织共同受托模式

由信托公司和慈善组织共同担任受托人设立慈善信托，这种模式在实践中已有多单慈善信托案例落地。信托合同通常约定，信托公司履行财产管理职责，慈善组织负责项目实施职责，这种模式能够发挥信托公司和慈善组织各自的优势，使委

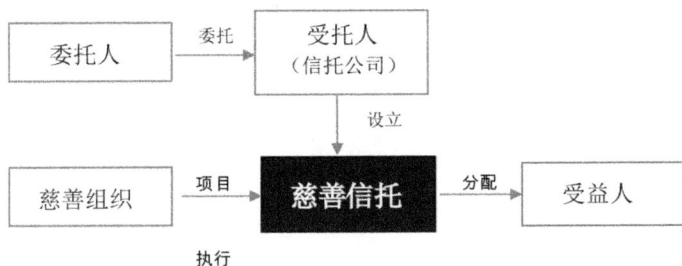

图3 慈善信托+项目执行模式

托人的意愿和慈善目的更好地得以实现。

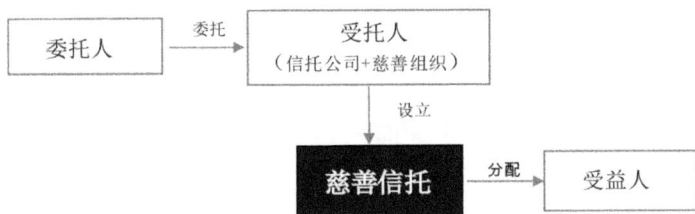

图4 信托公司和慈善组织共同受托模式

四、慈善信托助力共同富裕的主要路径

促进共同富裕，要缩小地区、城乡、收入等物质方面的差距，完善民生保障，也要丰富人民精神文化生活，提高社会文明程度，还要推进绿色发展，提升社会治理能力。慈善信托可从巩固拓展脱贫成果、支持群众勤劳创业、提升社会精神文明、加强生态保护等方面助力共同富裕。

（一）精准对接需求，巩固脱贫成果

巩固拓展脱贫攻坚成果是推进乡村振兴、实现共同富裕的基础。国家提出要在 5 年过渡期内保持对脱贫地区的主要帮扶政策总体稳定，健全防止返贫动态监测和帮扶机制。未来，慈善信托可持续发挥平台作用，广泛汇集社会资金，精准对接帮扶需求，持续助力巩固拓展脱贫攻坚成果，夯实共同富裕的基础。

在财产来源方面，慈善信托可以广泛动员社会力量，为巩固脱贫成果汇集各类慈善资源。一是广泛拓展信托业慈善财产来源。当前，信托业管理着超过 20 万亿元规模的信托财产，服务工商企业、基础产业、房地产、金融机构等各领域的机构客户超过 5 万多家，服务高净值个人客户超过 100 万人，可为我国发展公益慈善事业、助力共同富裕引入大量资源支持。信托公司、慈善组织可以为有能力、有意愿参与公益慈善事业的企业、个人定制慈善信托，让其深度参与慈善项目的设计和决策过程，更好满足委托人的个性化慈善需求。信托公司还可创新金融产品与公益服务，通过与投资人共同让渡部分收益的方式，将信托投资产品销售与拓展慈善信托财产来源相结合。二是积极拓展非货币性财产来源。随着我国社会经济进步，非货币性财产成为居民财富日益重要的组成部分，特别是随着资本市场、房地产市场的快速发展，越来越多的高净值人士的财富以股权、不动产等形式存在。慈善信托可以接受股权、不动产等非货币类财产委托，进一步拓宽公益慈善事业的财产来源渠道。

在信托财产运用方面，慈善信托可通过多种帮扶方式，加强慈善帮扶资源的精准对接，有效提升帮扶成效。一是以直接资助方式开展帮扶，聚焦脱贫地区民生保障的薄弱环节，资助困难群众，关爱留守群体，支持教育发展，改善医疗卫生条件等，加强兜底救助和民生保障，切实防止群众返贫，并通过科学机制设计确保帮扶资金与帮扶对象存在清晰的利益联结机制。二是整合保险保障工具，为收入不高不稳的脱贫户、监测户等低收入群众提供防贫保险，通过发挥保险的精准性、补偿性优势，可有效扩大受益人群，防止更多群众因重大疾病、自然灾害、意外事故而返贫，并对遭受不幸事件的群众实现精准补偿，有效兜住了防止返贫的底线。此外，运用慈善信托还可以为进城务工人员及其子女等新市民提供教育、医疗等方面的资助，帮助新市民享受均等的社会公共服务。

（二）丰富金融服务，支持勤劳创业

发展乡村产业，推进乡村振兴，是共同富裕的必经之路。

慈善信托通过创新帮扶模式，整合金融服务，可以为农民勤劳创业以及农村集体经济、合作社、家庭农场等新型农业经营主体的培育提供有力的金融支持，促进乡村特色产业发展的同时，让农民分享乡村特色产业发展的收益，扩大共同富裕的物质水平。

一是依托核心企业，提升产业带动效益。慈善信托的财产运用可以实现"产业帮扶"与"精准帮扶"的有机统一。在"产业帮扶"方面，慈善信托资金可以为乡村特色产业的龙头企业发放低息贷款，支持企业扩大农产品加工和收购规模，促进企业提供更多就业岗位增加群众收入，并且带动更多群众通过发展种养殖业实现增收。在"精准帮扶"方面，企业运用资金向慈善信托支付的利息，全部用于资助当地患有重病、遭受意外的困难家庭，进一步巩固脱贫成果。慈善信托也可以设计保底分红、股份合作、利润返还等多种形式，为农户参与新型农业经营主体，合理分享乡村产业发展的增值收益提供平台。

二是整合信贷资源，加强对农户创业支持。农户勤劳创业往往需要一定的启动资金。慈善信托可以链接帮扶地区的基层银行、小贷公司等小额信贷发放机构，为更多农户勤劳创业提供信贷支持。一种典型的做法是以慈善信托资金做"风险补偿"，以合作机构放宽农户贷款条件为前提，对合作机构发放的农户贷款损失进行部分补偿，既发挥了慈善信托资金的杠杆撬动作用，又鼓励信贷机构扩大农户授信群体范围，从而为更多农户勤劳创业提供金融支持。

三是加强保险期货联动，助力农户提升市场风险抵御能力。农民创业经营往往面临着原材料或产成品市场价格异常波动的风险，而慈善信托可以链接保险公司、期货公司等专业的风险管理机构，创新"信托+保险+期货"联动帮扶模式，将慈善信托的平台优势、保险的精准补偿特征、期货的风险对冲功能集合于一体，在更大范围内分散风险，帮助农户抵御市场风险。以生猪养殖产业为例，慈善信托与保险公司、期货公司合作，可以为生猪养殖群众提供饲料价格指数保险、生猪价格指数保险，当市场价格波动致使饲料结算价格高于目标价格，或者生猪结算价格低于目标价格时，由保险公司向养殖户赔偿差价，有效对冲了市场价格异常波动的不利影响，使农户获得稳定收入有了更多保障。而保险公司则通过购买场外期权的方式进行"再保险"，实现价格波动风险的顺利转移。

（三）发展科学文化，提升精神文明

人民精神生活丰富、社会文明进步是共同富裕的重要内涵。慈善信托一方面积极支持我国科学文化事业发展，提升国民综合素质；另一方面通过开展家族慈善、家庭亲子慈善等方式，助力优秀家教家风传承，提升社会精神文明水平。

慈善信托始终将支持科学文化事业作为重要方向之一。在科学领域，慈善信托资助高校科研活动，支持生物医学等基础学学科研究，奖励航天科学事业人才，促进我国科学事业发展。在艺术领域，慈善信托积极资助艺术教育事业，资助艺术创作与展览，支持艺术文化交流与宣传，提升社会艺术文化水平。在传统文化保护领域，慈善信托资助历史文化保护和非物质文化遗产传承，支持中医药文化事业传承发展，支持优秀地方文化的传承再造和发扬，进一步增强国民文化自信。此外，慈善信托还通过创新公益模式，推动公益慈善事业科学、有效、持续发展。

慈善信托也是优秀家风传承的重要载体。优秀的家族慈善信托是一座纪念碑，记载着家族对家族精神、集体荣誉和社会公共利益所作出的贡献。因此，家族慈善信托可以跨越委托人生命周期，将慈善精神以更有生命力的方式传递给后代并影响后代的行为准则。通过设立家族慈善信托，有助于弘扬扶贫、济困、敬老、抚幼等良好道德风尚，形成崇尚文明、助人为乐的社会风气，成为精神文明的传播者和引领者。慈善信托也可以为高净值人群培养下一代社会责任心搭建平台。通过为家庭设立亲子慈善信托，使家庭成员共同参与公益慈善活动，增进家庭成员交流，促进家庭和谐，在言传身教中促进优秀家风传承。慈善信托还可以探索为有慈善意愿的未成年人提供慈善信托服务，在监护人的有效监护下亲自参与公益慈善事业，进一步为我国公益慈善事业发展注入新的青春力量，全面提升社会文明水平。

（四）建设生态文明，打造和谐社会

打造美丽宜居的生活环境，是广大群众对建设美丽家园、实现共同富裕的殷切追求。未来，践行习近平总书记"绿水青山就是金山银山"的理念，慈善信托可以在重要生态系统保护和修复、农村突出环境污染治理、乡村生态友好型产业发展等方面发挥积极作用，促进人与自然和谐共生。

一是在支持重要生态系统保护和修复中发挥慈善信托的带动引导作用。在江河湖海、草原沙漠等系统性生态环境保护和治理中，可以通过设立慈善信托，发动地方政府提供财政配捐、税收政策优惠等方式支持，进一步动员鼓励更多社会公众、慈善组织、志愿者参与生态治理，有助于集中慈善资源，提升开展重要生态系统保护工作的可持续性。

二是在环境污染治理中发挥慈善信托的集中管理作用。慈善信托可与土地流转信托相结合，将亟须进行治理但土地承包经营权分散于群众的沙地、林地等各类土地集中起来，实现治理权的集中管理。在此基础上，有效调动各方资源，形成治理合力，按照统一科学规划，共同推进生态保护和污染治理，有助于降低环境污染的治理成本，提升治理效率。

三是依托慈善信托平台探索治理机制创新。以"同治理，共受益"的理念吸引周边群众和其他利益相关者积极参与，构建一个公益组织、政府、村民、企业、社会公众等共同参与的可持续生态价值实现机制，并利用影响力投资等多种方式鼓励发展生态旅游等绿色产业，助力群众在开展生态环境保护中获得稳定收益，从而实现生态环境改善、生态产品价值提升、村民生态意识提高、乡村绿色发展等多重目标。

五、慈善信托助力共同富裕的案例

（一）支持高质量发展，助力产业转型

1. 激励产业转型新发展，扩大公益效能发挥

共同富裕的实现需要实体经济的高质量发展作为物质基础支撑。依托慈善信托灵活创新的特有制度优势整合金融资源，

引导社会资本参与并支持实体经济建设和推动产业转型，能够为助力共同富裕提供不竭动力。当前，破解经济社会发展的困境，实现经济结构的转型升级迫在眉睫，慈善信托在产业转型升级方面发挥了引领和激励作用。

案例1："袁隆平慈善信托"助力农业现代化

应袁隆平院士的夫人邓则女士委托，湖南省财信信托有限责任公司受托设立了"袁隆平慈善信托"，信托财产及后续投资收益将全部用于奖励现代农业科技及生产发展领域中作出突出贡献的个人和团体，参与农业发展项目及服务于农业领域的科研创新、科技成果转化，资助农业发展领域优秀科技人才国内外进修，资助优秀中青年农业科技工作者主持的农业科研项目，设立农业高校优秀学生奖学金等慈善公益活动。该信托支持资金追加，达到促进扩大公益效能的目的，同时也发挥了示范和带动作用。

2. 紧跟国家战略布局，打造绿色慈善新风尚

21世纪人类可持续发展面临的主要挑战为气候环境、生物多样性以及人类社会三大问题。结合人类社会发展情况，习近平总书记在联合国气候大会上，宣布中国二氧化碳排放量在2030年前达到碳达峰，努力争取在2060年实现碳中和。党的十九届五中全会强调要加快推进绿色低碳发展。绿色低碳的转

型发展与实现，是破解资源环境约束，实现可持续发展，推动经济结构改革，促进人与自然和谐发展，推动构建人类命运共同体的迫切需要。基于"双碳"目标设立的慈善信托，紧跟国家战略布局，用绿色慈善信托引领了新风尚。

案例 2：深圳市社会公益基金会设立慈善信托支持生态文明建设

2017 年，深圳市社会公益基金会接受深圳市大鹏新区管理委员会委托，设立"大鹏半岛生态文明建设慈善信托"。作为全国首个以"政府委托＋慈善组织受托"为设立模式的慈善信托，致力于发挥政府资金的杠杆效应和引导作用，联合社会资源共同参与大鹏半岛生态文明建设。该慈善信托的设立，为推动中国慈善信托实践推广和生态建设资金社会化运作作出了全新的制度探索及贡献。

案例 3：万向信托首创水基金信托助力小水源地保护

万向信托在自然资源信托化领域首创水基金信托，与大自然保护协会（TNC）等合作，将该模式首次落地在杭州市黄湖镇青山村龙坞水库保护项目中，开启了"浙江小水源地保护计划"，并以此为基础逐步构建起小水源地保护网络。将公益信托融入环境保护和乡村振兴之中，运用"慈善＋商业"的模式，积极促进发展绿色经济，推动环境保护和环境友好型产业发展。

案例 4：兴业信托设立国内首个生物多样性慈善信托

兴业信托与中华环境保护基金会合作，通过打造"绿色+公益+慈善信托"的模式，创立了我国首个以生物多样性保护为主题的绿色慈善信托——"兴慈善 1 号绿色慈善信托"。该信托围绕《生物多样性公约》第十五次缔约方大会主题开展相关公益活动，旨在通过多元的方式促进全球生物多样性保护的交流与合作，进一步推动了慈善事业及生态环境保护公益事业的发展。

（二）缩小贫富差距，增强人民福祉

1. 拓展扶贫减贫，夯实乡村振兴基础

物质需求的满足，收入差距的缩小是人们走向美好的第一步，同时也是维护社会稳定、促进人民生活质量提升的一大关键要素。以脱贫攻坚为主题的慈善信托充分坚守了打好精准扶贫攻坚战的策略，在产业扶贫、环境改造等不同公益事业领域发挥作用，能够直达目的，高效促进人民群众提升获得感、幸福感和安全感。

案例 5：中国扶贫基金会设立慈善信托助力乡村人才培养

中国扶贫基金会作为委托人，委托中航信托设立以乡村振兴为专项信托目的的"蒙顶山合作社发展慈善信托"项目，初

始规模为 500 万元，支持乡村振兴战略下的乡村合作社人才培养等相关公益慈善活动。

案例 6：长安信托设立慈善信托关爱农村三留守群体

长安信托推出了"长安慈——脱贫攻坚关爱农村三留守群体慈善信托"，大力孵化本土机构，探索慈善信托作为资助方支持公益基金会的专业服务模式，打造出创新的慈善信托项目路径，达到先"输血"再"造血"的目的，巩固脱贫攻坚的成果，为乡村振兴战略的实施打下基础。

案例 7：建信信托通过慈善信托开展综合帮扶

建信信托成立"建信联合定点帮扶慈善信托"，首批募集资金达 200 万元，帮助陕西省安康地区农村生活环境改造、重点疾病筛查和预防等公益事业，防止脱贫地区返贫；对口帮扶安康市汉滨区粮茶村，改善当地农村建筑工人劳务生态；开设乡村振兴实习专岗，为粮茶村大学生提供社会实践机会。

2. 推动乡村振兴，发展普惠金融服务

乡村振兴是全体人民实现共同富裕的必然要求。乡村振兴的发展关系到农民权利的增加和福祉的提高，只有促进农业农村现代化，缩小城乡差距，促进农民增收，进而扩大中等收入群体，为国家和市场经济提供新的增长点。聚焦于乡村振兴目的的慈善信托在改进和提升金融服务方面充分发挥了价值，积极提升普惠金融服务水平。

案例8：鲁冠球三农扶志基金慈善信托助力乡村振兴

万向信托设立的鲁冠球三农扶志基金是永久存续的慈善信托，信托承载万向三农集团有限公司的全部经济利益，为社会贡献了逾142亿元的慈善资产。该信托通过影响力投资，以公益精神和社会参与的方式助力乡村振兴战略，带动就业增加、农民增收、环境改善，实现"让农村发展、让农业现代化、让农民富裕"的宗旨。

案例9：财信信托通过"金融+慈善"的模式助力乡村振兴

财信信托设立了全国首单由金融监管部门发起的乡村振兴慈善信托，通过"金融+慈善"模式，促使财信金控、财信信托更好地助力"三农"工作和乡村振兴，建立起了长效帮扶机制。该信托每年将利用慈善信托财产收益为湖南省洞口县石柱镇青山村的发展赋能，助力乡村振兴。

（三）助力三次分配，平衡公平效率

高质量发展并实现共同富裕，需要正确处理好效率与公平的关系，构建初次分配、再分配、三次分配协调配套的基础性制度。党的十九届五中全会明确将"加强和创新社会治理"作为"十四五"期间改善人民生活品质、提升社会建设水平的重要任务之一。慈善信托在社会治理领域的发展，充分发挥了信托对经济社会高质量发展的作用，助力人民迈向美好生活、促进社会稳定与和谐发展。

案例 10：万向信托运用慈善信托建立永续村级关爱基金

万向信托受兆山新星集团有限公司董事长徐新喜及其夫人俞林林委托，设立了诸暨市首个以慈善信托永续基金形式建立的村级基金，开创了村级关爱基金建设的新模式，信托遵照委托人缅怀父母、让爱延续的诉求与初衷，对沈河村敬老扶老、关爱学子、救助慰问等公益事业进行扶助和褒扬，是文明实践持续深化、村级关爱基金的 2.0 升级版。

案例 11："华若中慈善信托"助力企业践行社会责任

国联信托担任受托人落地无锡首单慈善信托项目——"华若中慈善信托"。无锡兴达泡塑材料股份有限公司为慈善捐助企业，公司预计将在未来 5 年内，通过无锡市慈善总会向慈善信托计划贡献 5000 万元。该信托财产将运用于扶贫济困、扶老救孤、恤病助残、优抚；救助自然灾害、事故灾难和公共卫生事件等突发事件造成的损害；促进教科文卫体等事业的发展；防治污染和其他公害，保护和改善生态环境。此信托展现了企业对践行社会责任的新探索模式，用自身力量积极推进第三次分配进程。

（四）提升社会治理，扩宽金融服务

1. 发挥信托制度优势，助力涉众资金监管运用

信托所具有的独特优势能够充分地保障涉众资金的安全、有效管理与运用，充分保障社会及公众利益，坚守委托人设立的初心，践行慈善信托设立的宗旨，让资金的使用落到实处。疫情、水灾、火灾等突如其来的不可抗力事件在不同时间不同地点偶有发生，对当地和整个国家的经济发展、人民的生活形成一定冲击。自古以来仁爱济世的优良传统往往推动个人和企业奉献爱心救灾济困，背后的涉众资金的筹集、管理和应用需要一种有效的方式和制度来实现，慈善信托充分满足了这一诉求。

案例12：信托业多家信托公司设立疫情防控慈善信托

2020年，新冠肺炎疫情突然暴发，疫情对经济的冲击范围之广、幅度之深前所未有。61家信托公司迅速行动，响应中国信托业协会倡议，共同出资成立"中国信托业抗击新型肺炎慈善信托"。信托公司也积极动员员工、客户设立慈善信托，助力抗击疫情。重庆信托设立了"共抗疫情"系列慈善信托；平安信托创设"疫情专项慈善信托"；渤海信托设立"渤海信托

·大爱无疆抗击新冠肺炎慈善信托";中诚信托设立疫情防控慈善信托支援北京市疫情防控。众多慈善信托的设立有力地保障了委托人爱心资金给到真正需要的人。

案例13：光大信托创新慈善信托资金来源渠道

涉众资金领域的管理，除了个体以资金设立慈善信托的模式外，还可以通过大众及多个主体让渡自己的部分收益来设立慈善信托。光大信托设立的"光大信托恒鼎尊行尊享消费信托"采用集合信托模式，由光大信托投资者让渡的部分收益、光大信托让渡的信托报酬、光大银行让渡的银行代销手续费用构成，满足客户投资理财需求的同时，让其支援武汉抗"疫"的仁爱之心得到实现，让客户获得稳健投资收益的同时为抗击疫情贡献力量，光大信托和光大银行作为企业践行了自己的社会责任。

2. 推动社区治理，提升基层服务水平

共建共治共享的社区发展治理新格局是实现共同富裕必不可少的要素。推动社区治理的创新实践、打造幸福美好社区能够让人民从身边切实地体会到幸福感的提升。基于社区治理的慈善信托助力国家治理体系和治理能力现代化，惠及了百姓，也让人民切身感受到了社区服务能力的提升。

案例14：和的慈善基金会联合中信信托设立慈善信托服务社区发展

广东省和的慈善基金会、中信信托共同受美的控股有限公司委托，于2017年设立了"中信·和的慈善基金会2017顺德社区慈善信托"，信托财产为4.92亿元。该慈善信托采用本金不动，投资收益用于支持顺德社区公益慈善事业的永续模式，每年收益分配至执行人广东省德胜社区慈善基金会，全面支持顺德扶贫、济困、教育、养老、社区发展等慈善需求。2017—2019年，共分配4630万元在顺德205个村（居）开展"和美社区计划"，资助教育发展、社区照顾、社区营造等慈善项目。

案例15："平安刘昌琴慈善信托"关注社区治理

平安私人银行通过"平安乐善"慈善规划服务设立了四川省首个支持社区发展治理的慈善信托——"平安刘昌琴慈善信托"，该信托聚焦于社区信义治理的创新实践；关注城市资源的再生循环利用与环境保护；促进培养美妆行业人才，支持社区女性就业发展；关爱环卫工群体；倡导社区可持续发展。

（五）促进精神富裕，提升全民素养

共同富裕是全体人民的共同富裕，是人民群众物质生活和精神生活都富裕。从共同富裕的内涵可知，满足物质需求之外，共同富裕的实现离不开公民精神追求和全民素养的提高。以提高教育水平、帮助贫困学生、尊重并保护历史等目的设立的慈善信托旨在从精神层面促进社会实现共同富裕。

案例16：中华慈善总会设立全国首单家族慈善文化建设慈善信托

2022年3月，中华慈善总会作为委托人委托中航信托设立"中华慈善总会家族慈善文化建设慈善信托"，信托具体目的是推动家族慈善和慈善信托的研究、倡导、培训及实践，促进高收入人群结合新时代家庭家教家风建设开展慈善活动，促进慈善事业高质量发展，助力实现共同富裕。

案例17：多家公司设立慈善信托助力教育发展

外贸信托成立的"外贸信托·2020年中化集团圆梦行动慈善信托"，面向内蒙古、青海、西藏等贫困地区学生资助208.1万元，成立"外贸信托·信诺助学1号慈善信托"资助、奖励宁夏三营地区师生。民生信托设立的"中国民生信托·2020年度交大高金语言筑桥慈善信托"用于资助在云南丽江和四川大凉山地区特殊教育学校支教的优秀青年教师及优秀聋人大学生教育帮扶等。

案例 18：北京、中铁信托设立慈善信托助力文物保护和文化传承

北京信托设立"首善惠文 001 号慈善信托"，其资金用于圆明园遗址公园残雕沉思展区"雕西洋花建筑构件"的修缮，助力历史文物保护，保护历史。中铁信托先后发起设立了与成都杜甫草堂合作的国内首单以博物馆为主题的弘文系列慈善信托、与成都武侯祠合作的国内首单以弘扬"三国文化"为主题的明道系列慈善信托。

六、发挥慈善信托优势，助力共同富裕的政策建议

慈善信托具有独特的制度优势，是践行公益慈善事业、助力共同富裕的重要手段。为推动我国慈善信托规模化和可持续发展，亟须围绕信托制度的核心价值与不同受托人的差异化服务能力，有针对性地优化政策环境，从而充分挖掘慈善信托在财产独立和风险隔离等方面的制度优势，让受托人在资源整合、项目运营和综合服务等方面真正发挥出差异化优势，实现慈善信托的高质量可持续发展，在助力共同富裕中发挥更加积极的作用。

（一） 完善制度供给

制度供给不足是当前制约慈善信托快速发展的首要问题，主要痛点包括财产登记制度缺失、税收优惠政策尚未落实以及备案制度不完善等问题。这些制度的缺失导致慈善信托的实操过程存在诸多障碍，影响各类主体参与慈善信托的积极性和持续性。

首先，加快推进信托法、慈善法修订工作。建议立法机关与政府部门统筹规划，结合近年来慈善信托的实践，全面梳理修订信托法、慈善法中滞后于实践的条款内容，并明确慈善信托所涉法律法规的衔接和适用关系，为慈善信托的发展建立起稳定的根本制度保障。

其次，完善信托财产登记制度。通过制定慈善信托财产登记细则，明确需登记的信托财产范围、登记机构与职责、登记内容与流程等规范，系统性完善信托财产登记制度，落实慈善信托财产登记的可操作性，破除不动产、股权等非货币财产作为慈善信托财产的实操限制，扩大慈善信托财产来源，真正发挥信托的灵活性优势，满足委托人意愿。

再次，落实慈善信托税收优惠政策。慈善法明确赋予慈善信托税收优惠待遇，但由于缺少相关实施细则。建议有关部门充分考虑委托人诉求，在税收激励与防范滥用相结合的原则下完善慈善信托税制，给予慈善信托与慈善捐赠平等的税收待遇。实操中，可将慈善信托初始财产转移比照慈善捐赠，赋予受托人税前扣除资格，使得委托人可以享受所得税抵扣；在慈善信托运行中，对受托人所取得的信托报酬收入施以税收优惠，免除慈善信托财产保值增值过程中产生的所得税、增值税等税负；在慈善信托终止时，明确不同类别受益人可享受的税收优惠，对免征和减征规则予以明确。与此同时，建议财税部门和慈善信托监管部门加强对慈善信托税收优惠的审查与监管，防范滥用税收优惠的道德风险。

最后，完善慈善信托备案制度。对备案的法律效力、备案审查的实质性要件等作出明确的规范，在全国范围内对备案手续、备案内容等事项进行标准上的统一。慈善法仅在享受税收优惠方面对慈善信托备案提出了强制性要求，建议相关部门对备案行为的法律效力提供更全面的解释说明，同时也需明确在备案环节对慈善信托进行实质性审查的内容和范围，加强备案机构的专业能力，在切实保障慈善信托公益属性的同时，也为慈善信托税收优惠提供具有公信力的行政依据。

（二）鼓励业务创新

尽管慈善信托已成为社会各界参与慈善事业的重要载体之

一，但目前慈善信托尚处于发展的初级阶段，在整个公益慈善事业中的占比较小，在业务模式上的探索与创新仍较为局限，信托制度的优势未能得到充分彰显。

首先，妥善处理信托公益性和私益性之间的关系，满足委托人个性化需求。在公益慈善领域，信托公司具有独特的客群优势，可以将慈善信托与其他信托业务深度融合，在满足客户私益要求的前提下实现更广泛的公益目的。建议监管部门参考境外慈善信托实践经验，允许信托公司效仿部分成熟业务模式，为慈善信托探索出适合我国国情和社会需求的可持续运作的商业模式。例如，在美国的分离利益信托中，委托人可以获得部分信托收益，并将剩余部分用于特定的慈善公益项目；捐赠人建议慈善基金（Donor Advised Funds，DAF）则可以以信托计划委托人作为捐赠人，以集合信托计划的部分投资收益作为慈善信托财产捐入慈善信托，既能满足捐赠人的慈善目的，也能大幅提升捐赠人的慈善体验。公益与私益相结合还适用于家族慈善信托中，可激发我国庞大的私人财富市场的慈善需求，与实现共同富裕的路径高度契合。在不影响家族成员利益分配的基础上，满足家族对于公益慈善精神的有效传承；股权慈善信托可以借助合理的机制设计，在不影响民营企业经营和控制权的基础上，将股权类财产作为慈善信托初始财产，企业享受相应税收优惠和政策扶持的同时以每年产生的股权分红来支持公益慈善活动，实现慈善信托的永续运作。

其次，逐步完善慈善信托的内部治理，健全慈善信托运行保障机制。当前慈善信托内部治理基本架构缺乏规制，慈善法规定信托监察人为非必设机构，而慈善信托内部架构中设立的理事会、顾问、委员等享有的实质或形式权限，现行法律对其未有明确规范，导致对受托人监督不到位，或某些内部机构权力过大等问题，容易诱发道德风险，损害慈善信托社会公信力。建议相关部门出具慈善信托文件的示范文本与治理规则，明确受托人、监察人等内部治理机构的权利、义务，优化决策、执行、监督规则与流程，为慈善信托的治理提供兼具指导性和规制性的操作规范。

最后，鼓励受托人优化慈善信托业务激励机制，留住公益慈善领域的专业人才和团队，同时建立与慈善信托相适配的决策流程和信息科技系统，提升慈善信托的运营管理能力和项目管理效率，促进慈善信托业务高质量发展。

（三）提升社会影响

慈善信托是信托本源业务之一，但由于信托在我国社会公众中主要以理财工具而闻名，加之一些信托公司负面新闻增加了公众对慈善信托的疑虑，未来提升慈善信托社会影响力有着重要意义。

首先，建议监管部门、行业自律组织加强慈善信托的宣传和推广，普及信托法、慈善法等相关法律法规，明确慈善信托的定位和非金融产品的属性。通过在全国范围内开展慈善信托政策和实务宣讲活动，推广和展示优秀慈善信托案例，让社会公众能够真正了解慈善信托，突出慈善信托兼顾财产安全和效率的制度优势。通过广泛普及信托知识和信托文化，扩大慈善信托的知识覆盖面和受众群体，大力宣传慈善信托的普惠性，激发社会各界的参与热情，为公众参与公益慈善事业提供更多更优更贴合自身公益需求的选择。

其次，建议相关部门积极组织社会各界共创共建慈善信托生态圈，鼓励有效整合社会资源，让爱心群体、慈善基金会与信托公司等各类慈善事业的参与者、服务者形成能力与优势互补，共同打造慈善生态系统。引导受托人建立起自身的特色品牌，形成良性竞争格局，扩大慈善信托的品牌影响力，彰显出信托机制在促进公益慈善事业中的积极作用。

最后，建议相关部门完善慈善信托信息公开平台，加强公信力建设，夯实公众信任基础。目前，慈善信托面向社会公开信息展示较为有限，全国已备案的慈善信托信息主要通过民政一体化政务服务平台"慈善中国"对公众开放，公开内容局限于慈善信托的初始备案信息，包括委托人、受托人、财产规模和期限，慈善信托目的的描述也较为笼统。建议通过加强慈善信托信息披露，定期向社会公开慈善信托运作情况，包括信托财产管理处分情况、慈善项目进展，通过畅通投诉和举报违法违规慈善信托的渠道，强化社会公众监督机制，提高群众对慈善信托的参与度和信任度。